...TION DE LA RÉUNION DES OFFICIERS

RÈGLEMENT D'EXERCICES

POUR

LA CAVALERIE AUTRICHIENNE

1870

TRADUIT DE L'ALLEMAND

PAR V. ZEUDE

CHEF D'ESCADRONS DE CAVALERIE

PARIS

CH. TANERA, ÉDITEUR

LIBRAIRIE POUR L'ART MILITAIRE ET LES SCIENCES

Rue de Savoie, 6

1873

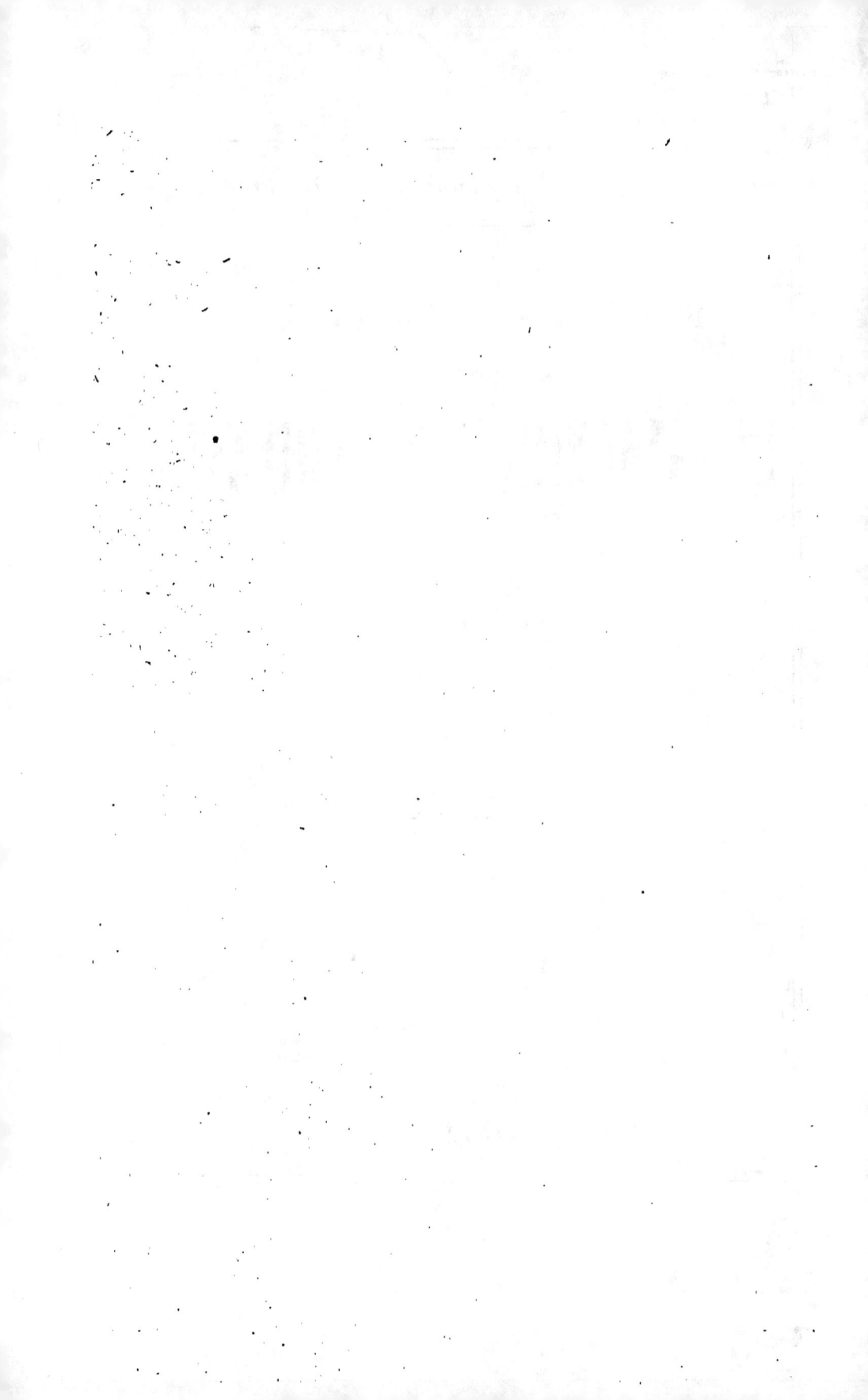

RÈGLEMENT D'EXERCICES

POUR

LA CAVALERIE AUTRICHIENNE

RÈGLEMENT D'EXERCICES

POUR

LA CAVALERIE AUTRICHIENNE

PUBLICATION DE LA RÉUNION DES OFFICIERS

RÈGLEMENT D'EXERCICES

POUR

LA CAVALERIE AUTRICHIENNE

1870

TRADUIT DE L'ALLEMAND

PAR V. ZEUDE

CHEF D'ESCADRONS DE CAVALERIE

PARIS

CH. TANERA, ÉDITEUR

LIBRAIRIE POUR L'ART MILITAIRE ET LES SCIENCES

Rue de Savoie, 6

1873

AVANT-PROPOS.

Le règlement sur les exercices de la cavalerie autrichienne se divise en deux parties distinctes et séparées :

1° *Le Règlement d'instruction* (*Abrichtungs-Reglement*), qui correspond à nos écoles du cavalier et du peloton ;

2° *Le Règlement d'exercices* (*Exercir-Reglement*), qui correspond à notre école d'escadron et à nos évolutions.

C'est de ce dernier seul que nous donnons la traduction, parce que c'est là qu'on peut le mieux saisir et juger l'esprit qui a présidé à l'œuvre des réformateurs autrichiens.

Nous laisserons à chacun, et surtout à l'expérience,

le soin de prononcer sur la valeur de cette œuvre, notre seul but étant d'offrir à nos camarades, au moment où l'on s'occupe de modifier nos propres manœuvres, un terme de comparaison emprunté à une cavalerie dont les rivaux les plus superbes ne dénient pas le mérite.

RÈGLEMENT D'EXERCICES

(EXERCIR-REGLEMENT)

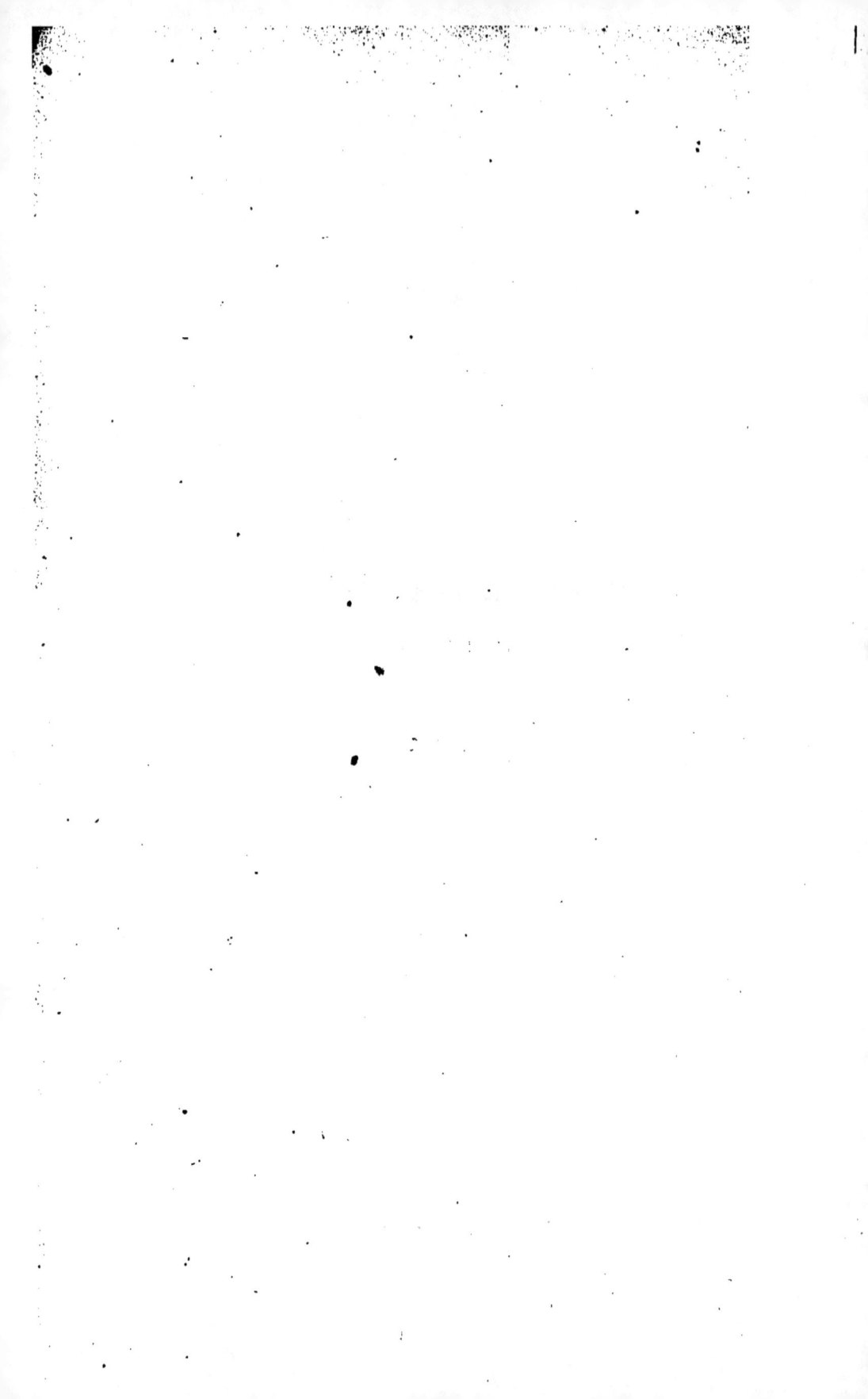

CHAPITRE PREMIER

FORMATIONS ET MOUVEMENTS D'UN ESCADRON

ARTICLE PREMIER

RÈGLES GÉNÉRALES

§ 1. DIFFÉRENTES FORMATIONS D'UN ESCADRON

1. L'escadron se forme et se meut en bataille ou en colonne.

EN BATAILLE

2. Les quatre pelotons d'un escadron sont placés l'un à côté de l'autre et sans intervalles. Dans la formation normale ils se suivent, de la droite à la gauche, dans l'ordre de leurs numéros habituels de service.

En ce qui concerne les places des gradés, le contact dans le rang, la distance entre les rangs et la position du deuxième par rapport au premier, on se conforme à ce qui est prescrit dans le *Règlement d'instruction* (1).

---

(1) Le peloton est toujours composé de 12 hommes, au moins, au premier rang, sauf à n'avoir que les encadrements des fractions de quatre du deuxième rang.

La distance entre les rangs est de deux pas. Chaque cavalier

Dans le cours des mouvements, les pelotons sont désignés par les numéros qu'ils occupent accidentellement sur la ligne, sans avoir égard à leurs numéros primitifs; le *premier peloton* est donc toujours celui qui se trouve à l'aile droite de l'escadron.

3. Le *commandant d'escadron* se tient ou marche habituellement en avant du centre de l'escadron, à une distance telle qu'on puisse entendre tous ses commandements (1).

4. Le *plus ancien officier subalterne* est placé à deux pas en arrière du centre.

Dans la formation primitive :

Le *maréchal des logis chef* est à deux pas derrière le centre du premier peloton ;

Le *plus ancien sous-officier de peloton*, à deux pas derrière le centre du quatrième peloton.

Lorsque le titulaire d'un de ces trois emplois vient à manquer, il est toujours remplacé par le plus an-

occupe, dans le rang, un pas et un quart, et sent légèrement le contact des étriers vers le centre. (Le pas est d'environ 0ᵐ 76.)

Le chef de peloton est placé à deux pas en avant du centre, le sous-officier de peloton à la droite du premier rang, un caporal à la gauche, le second caporal à la droite du deuxième rang, un fonctionnaire caporal à la gauche; ces sous-officiers et caporaux comptent dans le rang.

(1) Les cadres d'un escadron comprennent : 1 capitaine-commandant, 2 lieutenants, 2 sous-lieutenants, 2 maréchaux des logis chefs (dont l'un est le plus ancien sous-officier de peloton), 4 sous-officiers de peloton, 8 caporaux et 1 trompette.

cien du grade inférieur, sauf à faire occuper par des *fonctionnaires* les places de gradés vacantes au premier rang.

Les serre-files peuvent, au besoin, quitter leurs places pour aider à l'exécution dans les pelotons, mais sans courir inutilement à droite et à gauche.

5. Le *trompette* reste sur le côté et en arrière du commandant, de manière à recevoir ses ordres.

EN COLONNE

6. Les quatre pelotons de l'escadron sont placés l'un derrière l'autre, *à distance de peloton,* leurs chefs ayant soin de rester exactement en file. Dans la formation normale, les pelotons se suivent dans l'ordre de leurs numéros habituels de service. La *distance de peloton* est égale au front du peloton, y compris les gradés ; elle se mesure de la tête des chevaux du premier rang d'un peloton à la tête des chevaux du premier rang du peloton suivant.

Dans le cours des mouvements, les pelotons sont désignés par les numéros qu'ils occupent accidentellement dans la colonne ; le *premier peloton* est donc toujours celui qui se trouve en tête.

7. Le *commandant* peut se placer, à son choix, à quinze pas en avant du centre de la fraction de tête ou sur le flanc de la colonne, en se conformant à ce qui est prescrit n° 3.

8. L'*officier en serre-file* est placé derrière le centre du dernier peloton.

Dans la formation primitive :

Le *maréchal des logis chef* est à la droite du premier rang du premier peloton, à côté du sous-officier.

Le *plus ancien sous-officier de peloton*, à la droite du premier rang du quatrième peloton, à côté du sous-officier.

Lorsque le titulaire d'un de ces trois emplois vient à manquer, on le remplace ainsi qu'il est prescrit n° 4.

9. Le *trompette* se conforme à ce qui est prescrit n° 5.

§ 2. Réunion d'un escadron

10. Les pelotons sont d'abord formés et se comptent séparément, après quoi ils sont placés les uns à côté des autres ou les uns derrière les autres.

11. L'escadron étant formé, le maréchal des logis chef rend compte au commandant du nombre des présents et se porte ensuite à sa place.

12. Le commandant fait, au besoin, égaliser les pelotons. Lorsqu'il le juge nécessaire, il rectifie aussi la répartition des sous-officiers.

13. Lorsque l'effectif des pelotons est tellement restreint que, en les formant à douze files, ils auraient plus de six files creuses, le commandant ne fait former que trois et même deux pelotons. Dans ce cas, les sous-officiers en excédant prennent les places des fonctionnaires et ceux-ci rentrent dans le rang.

14. Lorsqu'une partie seulement de l'escadron monte à cheval, le capitaine en prend le commandement si elle se compose de trois pelotons ; lorsqu'il n'y a que deux pelotons, ils sont commandés par le plus ancien chef de peloton du demi-escadron.

15. Lorsque l'escadron est divisé, le commandant reste, à moins d'ordres contraires, avec la fraction la plus forte. Si la moitié de l'escadron est détachée, l'importance de sa mission décide si le commandant doit marcher avec elle ou rester avec le demi-escadron qui ne bouge pas.

§ 3. COMMANDEMENTS

16. Les mouvements d'un escadron sont, comme ceux d'un peloton, ordonnés *à la voix* et par les commandements prescrits dans le *Règlement d'instruction*, en tant qu'ils sont applicables.

Lorsque le commandant juge nécessaire d'attirer à l'avance l'attention de la troupe sur un commandement qui va suivre, il peut le faire précéder de celui de : « *Attention !* »

Avant de faire un commandement quelconque, le commandant élève le sabre, la pointe en l'air, le bras tendu ; en même temps qu'il prononce le mot ou la syllabe qui détermine l'exécution, il abaisse **rapidement** le sabre, le bras toujours tendu.

§ 4. DEVOIRS DES COMMANDANTS

17. Le *commandant d'escadron* doit prononcer les commandements distinctement et dans l'intonation prescrite, en élevant plus ou moins la voix suivant la rapidité de l'allure et les influences extérieures qui peuvent en diminuer la portée.

Pour faire ses commandements, il se tourne face à la troupe, ou, si l'on est en marche, il tourne seulement la tête de son côté.

Il peut faciliter essentiellement l'intelligence des commandements en indiquant en même temps, par un geste, la direction dans laquelle le mouvement doit se commencer ou se continuer et en plaçant son cheval dans cette même direction.

18. Les *commandants de peloton* sont chargés de déterminer rapidement et exactement la ligne de bataille et de diriger leurs pelotons ; le maintien de l'ordre incombe aux gradés placés aux ailes de chaque peloton.

Pour faire obliquer, converser, diminuer l'allure ou arrêter, le commandant de peloton se borne à faire un geste, en plaçant son cheval dans la direction à prendre ou en passant à l'allure voulue. Ce n'est que dans le cas où la poussière, le brouillard, l'obscurité, etc., empêcheraient probablement la troupe de distinguer ces indications, qu'il commande à la voix, mais sans jamais l'élever plus qu'il n'est nécessaire.

19. Dans les commencements de l'instruction, le commandant se porte en arrière du centre de l'escadron pour surveiller l'exécution des mouvements; dans ce cas, il se fait remplacer devant le front par le plus ancien officier, qui fait les commandements.

§ 5. METTRE PIED A TERRE ET MONTER A CHEVAL

20. On se conforme, en général, pour les commandements et l'exécution de ces mouvements, aux règles prescrites dans le *Règlement d'instruction* (1).

Lorsqu'on met pied à terre ou qu'on monte à cheval en bataille, les gradés placés à l'aile gauche des pelotons obliquent un peu à droite en se portant en avant, s'ils ont un numéro impair.

Les serre-files reculent de trois pas.

Après avoir monté à cheval et repris les rangs, on rectifie l'alignement sur les chefs de peloton.

En colonne, les chefs de peloton se portent sur le flanc pour mettre pied à terre.

(1) Le mouvement s'exécute comme dans la cavalerie française, avec cette différence que les numéros impairs ne se portent en avant et que les numéros pairs ne reculent que d'une longueur de cheval.

Les deux sous-officiers serre-files obliquent d'un pas à droite et l'officier serre-file recule de trois pas.

§ 6. Mouvements auxiliaires pour la formation et la marche en bataille

ALIGNEMENT

21. Lorsque le commandant veut rectifier l'alignement de l'escadron ou en général établir son front dans une direction donnée, il ne s'occupe de placer que les chefs de peloton.

Au commandement : « *A droite (ou à gauche), alignement !* » ces officiers tournent la tête du côté indiqué.

Le commandant se porte à quelque distance de l'aile sur laquelle on s'aligne, dans le prolongement exact de la direction, et établit le chef du peloton le plus voisin de cette aile sur la ligne qu'il a en vue ou qui lui est donnée ; les autres chefs de peloton s'alignent alors sur le premier.

Dans chaque peloton, la file du centre et les gradés du premier rang se placent à distance de rang de leur chef de peloton ; les autres hommes s'alignent sur ces points fixes.

Dès que l'alignement est terminé, le commandant d'escadron commande : « *Attention !* »

RECULER

22. Lorsqu'on ne veut porter l'escadron qu'à quelques pas en arrière, on le fait reculer comme il est prescrit dans le *Règlement d'instruction.*

MARCHE DE FLANC

23. Lorsqu'on n'a que peu de terrain à gagner vers le flanc, l'on s'y porte et l'on se remet face en tête, par les commandements et les mouvements prescrits dans le *Règlement d'instruction* [mouvements par quatre (1)].

Le commandant, les serre-files et le trompette exécutent un à droite (ou un à gauche) pour leur compte et conservent la place qu'ils occupent après ce mouvement.

Lorsque la marche de flanc doit se prolonger, le commandant fait rompre en colonne vers le flanc (n° 37).

FAIRE FACE EN ARRIÈRE ET SE REMETTRE
FACE EN TÊTE

24. On peut faire face en arrière et se remettre face en tête, soit par un demi-tour par quatre, soit par un demi-tour par pelotons.

---

(1) Les mouvements par quatre s'exécutent comme jadis dans la cavalerie française, excepté que les ailes marchantes prennent le trot.

25. Pour faire face en arrière par le *demi-tour par quatre,* le mouvement s'exécute, dans chaque peloton, par les commandements et suivant les principes prescrits dans le *Règlement d'instruction ;* mais on ne l'emploie que pour porter l'escadron à peu de distance en arrière.

Les chefs de peloton et les serre-files font demi-tour pour leur compte et conservent leurs nouvelles places ; le commandant et le trompette se portent seuls en avant du nouveau front.

On se remet face en tête par un deuxième demi-tour par quatre ; le commandant et le trompette reprennent leurs places primitives.

26. Pour faire face en arrière par un demi-tour par pelotons, le commandant de l'escadron commande :

> « *Demi-tour par conversion !* » ou « *Demi-tour*
> *à gauche par conversion !* »
>
> « *Au pas (au trot, au galop) — marche !* »
> ou « *Marche !* » (1)

A ce commandement, tous les pelotons exécutent le demi-tour comme il est prescrit dans le *Règlement d'instruction.*

Les ailes marchantes étant près d'arriver sur la ligne des pivots, le commandant de l'escadron com-

---

(1) Si l'on est en marche. On retrouvera cette différence presque constamment.

mande : « *Halte!* » ou « *En avant!* » A ce dernier commandement, l'escadron se porte droit devant lui à l'allure indiquée pour le mouvement ou à celle à laquelle on marchait précédemment (1).

Pendant le demi-tour, le commandant et le trompette se portent en avant du nouveau front.

Les serre-files suivent les pelotons derrière lesquels ils sont placés et se trouvent, par conséquent, en arrière du nouveau front.

ARTICLE II

MARCHER EN BATAILLE

§ 7. MARCHE DIRECTE

27. La marche directe de l'escadron en bataille se commande et s'exécute comme il est prescrit dans le *Règlement d'instruction* (2).

Pour assurer la direction, le commandant se porte en avant du centre, à une distance égale à la moitié

---

(1) Le mouvement s'exécute comme dans la cavalerie française.

(2) On commande simplement : « *Au pas (au trot, au galop) — marche !* » Le chef de peloton est chargé de la direction ; les cavaliers se règlent sur la file du centre qui se maintient à deux pas derrière le chef de peloton ; on ne commande donc jamais de guide.

du front. Le chef du deuxième peloton règle sa marche de manière que le centre de l'escadron soit toujours dans la direction du commandant. Les autres chefs de peloton s'alignent sur celui du deuxième et conservent exactement leurs intervalles. Si le commandant a à quitter sa place pour peu de temps, il indique, à haute voix, le point de direction au chef du deuxième peloton qui reste chargé d'assurer la marche.

Dans chaque peloton, les gradés placés au premier rang veillent à ce que la file du centre se maintienne à distance de rang du chef de peloton.

28. Lorsque, pendant la durée de la marche directe, il se présente, devant un ou plusieurs cavaliers, des obstacles qui les empêchent de se porter droit devant eux, ces cavaliers se conforment à ce qui est prescrit dans le *Règlement d'instruction* (1).

(I) Les files devant lesquelles se trouvent des obstacles restent en arrière, sans commandement, obliquent pour se placer derrière l'escadron et reprennent ensuite leurs places, sans commandement, en doublant l'allure.

Aux allures vives ou sur un terrain difficile, les cavaliers du deuxième rang peuvent marcher en arrière de l'intervalle, à gauche de leurs chefs de file, afin de pouvoir mieux voir leur chemin et le chef de peloton. Ils peuvent conserver cette position pendant les marches obliques et les conversions.

Lorsque le terrain est couvert et entrecoupé, le chef de peloton peut, pour faciliter beaucoup la marche, commander à une fraction : « *En harde !* » (*Im Rudel.*) Le groupe désigné suit alors son chef, sans conserver de forme déterminée, sans s'as-

§ 8. MARCHE OBLIQUE

29. L'escadron marchant en bataille, le commandant fait obliquer et reprendre la marche directe (1) par les commandements prescrits dans le *Règlement d'instruction*.

30. Au commandement pour obliquer, le commandant, les chefs de peloton, les serre-files et le sous-officier placé à l'aile vers laquelle on oblique, exécutent un demi à droite (ou un demi à gauche) et se conforment ensuite à ce qui est prescrit dans le *Règlement d'instruction*. Chaque cavalier s'y conforme également.

§ 9. CONVERSION

31. La conversion de l'escadron en bataille s'exécute aux mêmes commandements et suivant les mêmes principes que la conversion d'un peloton à pivot fixe (2).

treindre au contact ni, à la position relative des deux rangs. La fraction se reforme régulièrement au commandement : « *En peloton!* »

(1) Le mouvement s'exécute comme dans la cavalerie française, mais le guide reste toujours au centre.

(2) La conversion s'exécute comme dans la cavalerie française; seulement, lorsque la troupe est de pied ferme, elle commence toujours le mouvement en se portant à un pas en avant; l'aile marchante se porte toujours quelques pas droit devant elle avant de prendre la ligne circulaire.

La conversion à pivot mouvant n'existe pas pour l'escadron,

Pour le demi-tour, on se conforme à ce qui est prescrit n° 26.

On fait arrêter, après la conversion, par le commandement : « *Halte!* » ou reprendre la marche directe par le commandement : « *En avant!* »

Le commandant sert de guide pendant la conversion, en se conformant à ce qui est prescrit dans le *Règlement d'instruction* pour le chef de peloton.

Les chefs de peloton et les serre-files doivent faire en sorte de conserver, pendant le mouvement, leurs places de bataille.

ARTICLE III

FORMATION, MARCHE ET DÉPLOIEMENT DE LA COLONNE

§ 10. Colonne par files

FORMATION DE LA COLONNE PAR FILES

32. La colonne par files ne s'emploie que pour les marches et pour passer des défilés longs et étroits.

L'escadron étant en bataille, on ne le forme en

---

parce que les Autrichiens n'ont pas adopté l'ordre en colonne serrée.

Quant à la conversion d'un peloton à pivot mouvant, elle s'exécute comme dans la cavalerie française, avec cette différence que le chef de peloton, qui sert de guide, décrit un arc de cercle d'un rayon de vingt pas, en allongeant l'allure de telle sorte que le pivot conserve la sienne ; l'aile marchante allonge ou augmente

colonne par files que de pied ferme, ce qui s'exécute comme il est prescrit dans le *Règlement d'instruction* (1).

33. Dans la *rupture vers le flanc*, les pelotons se forment successivement en colonne, au commandement de leurs chefs.

l'allure, suivant le besoin, et se règle, ainsi que le pivot et tous les cavaliers, sur le centre.

Dans les changements de direction en colonne par quatre, le pivot décrit un arc de cercle d'un rayon de trois pas.

(1) La colonne par files est la colonne par deux ou par quatre. Elle se forme de deux manières : vers le flanc ou en avant. 1º Pour rompre le peloton vers le flanc, on commande : « *Par deux (ou par quatre) à droite (ou à gauche) — au pas (ou au trot) — marche!* » Les deux (ou quatre) premières files se portent à quatre pas droit devant elles, le deuxième rang serrant à un pas de distance, et tournent ensuite à droite (ou à gauche); chacune des autres fractions de deux ou de quatre exécute successivement le même mouvement, en rompant lorsque le deuxième rang de la fraction précédente arrive à hauteur de son premier rang. Le mouvement ne s'exécute que de pied ferme. 2º Pour rompre en avant, on commande : « *Par deux (ou par quatre) à droite (ou à gauche), en avant! — Au pas (ou au trot) — marche!* » ou seulement, si l'on est en marche : « *Marche!* » Le peloton étant de pied ferme, le mouvement s'exécute à peu près comme dans la cavalerie française. Le peloton étant en marche, tous les cavaliers obliquent dès que la première fraction a rompu. Cette fraction double l'allure et les autres successivement dès qu'elles ont le terrain nécessaire ; toutefois, lorsqu'on marche au galop, la première fraction reste à cette allure, les autres passent au trot et reprennent le galop dès qu'elles le peuvent. La distance entre les fractions, de même qu'entre les rangs, est de un pas.

Le chef du peloton de tête se porte en avant de la première fraction de deux ou de quatre ; les autres se portent à la gauche de la première fraction de leur peloton lorsqu'on rompt vers la droite, et à la droite lorsqu'on rompt vers la gauche.

L'officier serre-file se place derrière la dernière fraction de l'escadron ; chacun des deux sous-officiers serre-files prend rang dans la fraction derrière laquelle il se trouve.

34. Dans la *rupture en avant*, le peloton de l'aile du côté désigné rompt en colonne par files en avant ; les autres pelotons rompent en colonne vers le flanc et entrent successivement, en changeant de direction, dans la direction suivie par le premier. On se conforme d'ailleurs à ce qui est prescrit par la rupture vers le flanc.

MARCHER EN COLONNE PAR FILES

35. Le commandant de l'escadron n'a pas de place assignée.

On se conforme pour la marche, ainsi que pour les dédoublements et doublements, à ce qui est prescrit dans le *Règlement d'instruction* (1).

(1) La marche, les changements de direction et les obliques s'exécutent comme dans la cavalerie française. Le chef du premier peloton est guide.

Les dédoublements se font toujours en doublant l'allure, sans que le commandement l'indique, à moins que la colonne ne soit au galop, auquel cas ils se font à la même allure. Pour les doublements, lorsque la colonne est au pas, le chef de peloton com-

Si les distances se perdent pendant la marche, les chefs de peloton ne les font reprendre que peu à peu (1).

DÉPLOIEMENT DE LA COLONNE PAR FILES (2)

36. On déploie la colonne par files, comme il est prescrit dans le *Règlement d'instruction*, mais en n'employant le mouvement : *sur la droite (ou sur la gauche), en bataille!* que dans des cas tout à fait exceptionnels (3).

mande le mouvement au trot ou au galop. Lorsque la colonne est au galop ou au trot, la tête passe au pas et les autres fractions conservent l'allure précédente. Dans tous les cas, le doublement s'exécute dans toutes les fractions en même temps et elles serrent ensuite à leurs distances.

(1) Le règlement ne parle pas de la colonne par un. En instruction de détail, on emploie encore la *colonne par rangées (reihen-colonne)*, qui se forme par le mouvement : *par file à droite.*

(2) Nous appellerons *déploiement* tout mouvement par lequel on passe de l'ordre en colonne à l'ordre en bataille (ou déployé).

(3) La colonne peut se former : en avant en bataille, à gauche en bataille, ou sur la droite en bataille (la droite en tête), qu'elle soit de pied ferme ou en marche. Ces mouvements se font généralement au trot, quand la colonne est de pied ferme. Dans ce cas, la première fraction se porte à dix pas en avant ou du côté indiqué et passe au pas. Les autres fractions se déploient au trot et passent au pas en arrivant à hauteur de la première. Lorsque la colonne est au trot ou au galop, la première passe au pas, dix pas après le mouvement commencé ; les autres se déploient à

Il faut d'ailleurs éviter, autant que possible, de se
déployer étant en colonne par files ; il est toujours
préférable de faire d'abord former les pelotons.

§ 11. Colonne

FORMATION DE LA COLONNE

37. Lorsque le commandant veut rompre l'escadron en colonne *pour marcher vers le flanc*, il commande :

« *Colonne à droite! (ou à gauche)* »

« *Au pas (au trot, au galop) — marche !* »

ou « *Marche !* »

A ce commandement tous les pelotons conversent ensemble, à pivot fixe, du côté indiqué.

La conversion presque terminée, le commandant
de l'escadron commande : « *Halte !* » ou « *En avant!* »
A ce dernier commandement, tous les pelotons
continuent de marcher dans le prolongement du
front.

38. Lorsque le commandant veut rompre l'escadron en colonne *pour marcher en avant*, il commande :

l'allure à laquelle on marchait. Lorsque la colonne est au pas, le
commandant la fait déployer au trot ou au galop, la tête restant
au pas.

Il est de principe qu'après tous les déploiements on continue
de marcher ; l'arrêt n'est que l'exception.

« *Colonne à droite (ou à gauche), en avant!* »

« *Au pas (au trot, au galop) — marche!* »

ou « *Marche!* »

A ce commandement, le chef du peloton de l'aile du côté désigné fait porter son peloton en avant à l'allure indiquée, en obliquant de manière que le peloton suivant ait l'espace nécessaire pour exécuter d'abord sa conversion à pivot fixe, et changer de direction aussitôt après pour entrer dans la colonne derrière lui.

Les autres pelotons exécutent en même temps une conversion à pivot fixe du côté indiqué, à l'allure commandée si l'on était de pied ferme ou à celle à laquelle on marchait précédemment.

Les conversions presque terminées, le commandant commande : « *Halte!* » ou « *En avant!* » A ce dernier commandement, le chef du deuxième peloton commence immédiatement sa conversion à pivot mouvant pour entrer dans la direction de la tête; les autres pelotons continuent de marcher droit devant eux et viennent successivement tourner sur le même point que le deuxième.

39. Dans ces deux ruptures, l'officier serre-file se place derrière le centre du dernier peloton; chacun des sous-officiers serre-files se place à la droite du premier rang du peloton derrière lequel il se trouvait.

MARCHER EN COLONNE

40. Pour diriger la colonne, le commandant marche à quinze pas environ en avant du chef du peloton de tête; lorsqu'il veut surveiller la marche, il se place sur le flanc.

On doit toujours indiquer au chef du peloton de tête le point de direction.

La colonne étant de pied ferme, il faut veiller strictement, en la mettant en marche, à ce que tous les pelotons se mettent en mouvement à la fois.

Le point essentiel, dans la marche en colonne, est que le conducteur et tous les chefs de peloton conservent une allure bien égale, afin que les distances entre les pelotons ne se perdent pas; s'il arrive qu'un chef de peloton perde la sienne, il ne doit la reprendre que peu à peu.

Pendant la durée de la marche, les chefs de peloton doivent rester exactement en file, afin de se trouver sur la même ligne si l'on se met en bataille par une conversion par pelotons. Ils n'y sont évidemment pas astreints lorsque le chemin présente des sinuosités ou que la colonne longe, pour se couvrir, des accidents de terrain qui la protégent ou la cachent.

Lorsque la colonne rencontre un défilé qui ne permet pas de passer par pelotons, chaque peloton se forme successivement *en harde* et reprend l'ordre primitif au-delà du défilé.

41. Le commandant fait obliquer et reprendre la marche directe par les commandements et suivant les principes prescrits dans le *Règlement d'instruction.*

Pendant la durée de la marche oblique, les chefs de peloton doivent toujours se masquer mutuellement.

42. Pour faire changer de direction, le commandant de l'escadron commande :

« *Demi à droite (ou demi à gauche), conversion !* »

ou « *A droite (ou à gauche), conversion !* »

Le chef du peloton de tête fait immédiatement converser son peloton à pivot mouvant et se porte en avant dans la nouvelle direction, au commandement : « *En avant !* » du commandant de l'escadron. Les autres pelotons viennent tourner successivement sur le même point que le premier.

43. Pour faire face en arrière, on fait exécuter un demi-tour par quatre si l'on n'a que peu de terrain à gagner ; sinon, on emploie toujours le demi-tour par peloton.

Lorsqu'on fait face en arrière par le *demi-tour par quatre,* les sous-officiers serre-files se placent à côté de l'aile marchante de leurs fractions de quatre (c'est-à-dire du n° 4 de l'ancien premier rang).

Tous les gradés placés en avant ou en arrière du front font demi-tour pour leur compte.

Après le demi-tour, le commandant et le trompette se conforment à ce qui est prescrit aux nᵒˢ 7 et 9 ; l'officier serre-file reste devant le peloton qui devient tête de colonne, et les chefs de peloton restent derrière leurs pelotons.

Lorsqu'on se remet face en tête, les gradés qui avaient quitté leurs places les reprennent.

Lorsqu'on fait face en arrière par le *demi-tour par pelotons*, le mouvement s'exécute dans chaque peloton comme il est prescrit dans le *Règlement d'instruction*; l'officier serre-file se porte derrière le peloton qui devient queue de colonne.

Le commandant et le trompette se conforment à ce qui est prescrit aux nᵒˢ 7 et 9.

44. Pour porter la colonne à peu de distance sur son flanc, le commandant de l'escadron commande un à droite (ou un à gauche) par quatre qui s'exécute dans tous les pelotons en même temps.

Les pelotons conservent les numéros qu'ils occupaient précédemment dans la colonne.

On donne un point de direction au chef du premier peloton, qui est chargé d'assurer la marche.

Les chefs des autres pelotons restent alignés sur lui pendant la durée de la marche de flanc et veillent à la conservation des nouveaux intervalles.

L'officier serre-file tourne pour son compte et conserve la place qu'il occupe alors.

Les sous-officiers serre-files, lorsqu'on exécute un à droite par quatre, tournent pour leur compte et se placent à côté du nᵒ 1 du deuxième rang; lorsqu'on exécute un à gauche par quatre, ils restent à l'aile marchante de leurs fractions de quatre.

Pour reprendre la marche directe, on se conforme aux commandements et aux principes prescrits dans le *Règlement d'instruction.*

Lorsque l'escadron en colonne doit se porter à une certaine distance vers le flanc, le commandant fait exécuter une conversion par pelotons pour le mettre en bataille du côté voulu (nᵒ 52).

45. Pour passer de l'ordre en colonne à l'ordre en colonne par files, la rupture s'exécute toujours en avant. Le commandant de l'escadron fait le commandement prescrit dans le *Règlement d'instruction.* (Voir la note du nᵒ 32.) Le premier peloton rompt immédiatement en colonne par files, et les autres successivement lorsqu'ils ont le terrain nécessaire.

46. Pour passer de l'ordre en colonne par files à l'ordre en colonne, le commandant de l'escadron commande :

« *En colonne — marche!* »

et chaque peloton se forme en avant en bataille.

Le peloton de tête, sa formation exécutée, reste au

pas ; les autres serrent à leurs distances, à l'allure à laquelle on marchait précédemment.

Lorsque la colonne marche au pas, le peloton de tête reste à cette allure ; les autres pelotons se forment à une allure plus vive qu'indique le commandant de l'escadron, et leurs chefs les font ensuite serrer à cette même allure.

Lorsque la colonne marche au trot, le commandant peut, pour accélérer le mouvement, le faire exécuter au galop.

Lorsqu'on doit former la colonne immédiatement après avoir passé un défilé, le commandant de l'escadron le commande au moment où la tête de la colonne par files en débouche.

Le premier peloton se forme aussitôt, et les autres successivement, à mesure que leurs têtes arrivent à la sortie.

DÉPLOYER LA COLONNE

47. L'escadron étant ou marchant en colonne, on peut le déployer *en avant, sur un de ses flancs* ou *sur une ligne oblique.*

48. Pour déployer *vers la droite (ou vers la gauche) en avant,* le commandant de l'escadron commande :

« *Vers la droite (ou vers la gauche) en avant, en bataille !* »

« *Au trot (au galop) — marche !* »

ou « *Marche !* »

Le peloton de tête marche droit devant lui, de l'étendue de son front, à l'allure indiquée ou à celle à laquelle on marchait précédemment, et passe ensuite au pas.

Les autres pelotons obliquent du côté marqué par le commandement, à l'allure indiquée ou bien à celle à laquelle on marchait précédemment, pour se porter en ligne; en y arrivant, leurs chefs les font passer au pas.

On peut commander l'*en avant en bataille*, pendant une marche oblique, du côté vers lequel on gagne du terrain, sans faire reprendre au préalable la marche directe. Dans ce cas, le chef du peloton de tête le fait immédiatement cesser d'obliquer.

49. Pour faire son commandement, le commandant de l'escadron s'établit de manière à marquer, même pendant le déploiement, la direction que doit suivre le centre de l'escadron après la formation en ligne.

Chaque chef de peloton choisit, dans le prolongement de la partie de l'escadron déjà formée, un point éloigné de cette aile d'une longueur égale à la moitié du front d'un peloton; arrivé à hauteur de ce point, en arrière de la ligne, il fait cesser d'obliquer et se porte droit devant lui.

Les pelotons doivent exécuter le mouvement et arriver en ligne sans se désunir.

Le déploiement terminé, les chefs de peloton rec-

2

tifient leurs intervalles en se réglant sur le chef du deuxième.

Les serre-files prennent leurs places pendant le mouvement, les deux sous-officiers se plaçant derrière les pelotons à hauteur desquels ils marchaient en colonne.

50. Pour déployer *en avant, c'est-à-dire vers la droite et vers la gauche*, le commandant de l'escadron commande :

« *En avant, en bataille !* »

« *Au trot (au galop) — marche !* »

ou « *Marche !* »

Le deuxième peloton se dirige alors vers la droite, et les troisième et quatrième vers la gauche.

Le maréchal des logis chef qui était à la tête se place derrière le peloton de l'aile droite, et celui qui était à la queue derrière le peloton de l'aile gauche.

On se conforme d'ailleurs à ce qui est prescrit pour le déploiement *vers la droite (ou vers la gauche)*.

51. Pour déployer *sur une ligne oblique*, le commandant de l'escadron commande :

« *Demi à droite (ou demi à gauche), en bataille !* »

« *Au trot (au galop) — marche !* »

ou « *Marche !* »

Tous les pelotons exécutent une demi-conversion (1)

_____

(1) Dans le règlement autrichien, le demi à droite est une demi-conversion, l'à droite une conversion entière, et le demi-

à pivot fixe, du côté indiqué par le commandement.

Le peloton de tête, sa demi-conversion exécutée,
marche droit devant lui, de l'étendue de son front, à
l'allure ordonnée ou à celle à laquelle on marchait
précédemment, et passe ensuite au pas.

Les autres pelotons, après leur demi-conversion,
obliquent pour se porter en ligne, se conformant à ce
qui est prescrit pour l'en avant en bataille vers la
droite, si l'on se déploie demi à droite, et à l'en avant
en bataille vers la gauche, si l'on se déploie demi à
gauche.

On se conforme d'ailleurs à ce qui est prescrit pour
ces déploiements.

Dans le déploiement sur une ligne oblique, il faut
veiller principalement à ce que le peloton de tête ne
passe pas trop tôt au pas et à ce que les pelotons ne
fassent pas plus d'une demi-conversion.

52. Pour déployer *sur un des flancs*, le commandant
de l'escadron commande :

> « *A droite (ou à gauche) en bataille !* » (*Littérale-
> ment : à droite en bataille par conversion.*)
> « *Au pas (au trot, au galop) — marche !* »
> ou « *Marche !* »

Tous les pelotons conversent à la fois, à pivot fixe, du

tour une double conversion. On n'emploie pas le quart d'à-
droite.

côté indiqué par le commandement, à l'allure commandée ou à celle à laquelle on marchait précédemment.

Le commandant de l'escadron commande ensuite :
« *Halte!* » ou « *En avant!* » A ce dernier commandement, tous les pelotons se portent droit devant eux ;
leurs chefs rectifient peu à peu leurs intervalles et
leur alignement sur le chef du deuxième.

Les serre-files se conforment à ce qui est prescrit
n° 49.

53. Lorsque le commandant de l'escadron ne veut
pas continuer de marcher après le déploiement en
avant ou sur une ligne oblique, il indique au chef du
peloton qui était en tête la nouvelle ligne de bataille.
En y arrivant, le chef de peloton fait arrêter, et les
autres successivement.

ARTICLE IV

CHARGE, RALLIEMENT, PATROUILLES, PASSAGES D'OBSTACLES

§ 12. Charge

CHARGE EN ORDRE COMPACTE

54. Un escadron est conduit à la charge compacte,
soit *en ligne* (en bataille), soit *en colonne*.

En principe, *la charge doit s'exécuter en ligne*, parce que c'est le moyen d'engager à la fois, dans la mêlée, le plus grand nombre possible de cavaliers.

On charge en colonne : 1° lorsqu'on n'a pas le temps de se déployer, soit parce qu'on veut surprendre, soit parce qu'on est surpris ; 2° lorsqu'on n'a pas l'espace nécessaire pour se déployer ; 3° lorsqu'il s'agit de faire brèche à tout prix sur un point de la ligne ennemie.

55. La charge en ligne s'exécute par l'escadron conformément à ce qui est prescrit dans le *Règlement d'instruction* (1), avec cette différence que, dans les simulacres, l'adversaire est figuré par quatre cavaliers (au lieu de deux), occupant le front d'un escadron, et dirigés par un chef placé devant eux.

56. Un escadron n'a pas habituellement de réserve séparée.

Lorsque le commandant veut, dans une charge en ligne, attaquer en même temps un des flancs de l'ennemi, il désigne à cet effet un peloton d'une des ailes, pendant la marche en avant ; au moment favorable, ce peloton augmente l'allure, sort de l'escadron en obliquant et se dirige ensuite sur le flanc de l'ennemi par une conversion.

Si, au contraire, un des flancs de l'escadron est menacé, le chef du peloton de l'aile, sans attendre

(1) Voir la note 1 à la fin du volume.

d'ordres, fait déboîter son peloton en dehors, par une conversion, pour s'opposer à l'attaque de l'ennemi.

En instruction, on doit souvent simuler ces deux cas. Pour figurer le dernier, on désigne quelques cavaliers qui sont chargés de marquer l'attaque contre un des flancs de l'escadron pendant qu'il s'avance pour charger.

57. L'escadron se portant en avant pour charger, le commandant doit rester devant le centre, sur la ligne des chefs de peloton, et régler leur allure. A cet effet, après avoir commandé « *Charge!* » il continue de marcher au pas jusqu'à ce que l'escadron arrive à sa hauteur.

Il commettrait une faute en restant loin en avant de l'escadron pendant la durée de la marche et en ne diminuant l'allure que près de l'ennemi, pour attendre la troupe, parce qu'il en résulterait inévitablement aussi une diminution d'allure dans l'escadron.

En instruction, la charge exécutée et l'escadron s'étant rassemblé au trot, au commandement « *Ralliement!* » le commandant fait, aussitôt après, le commandement « *Halte!* » s'il n'a pas l'intention, après le ralliement, de poursuivre l'ennemi marqué, au trot ou au galop, jusqu'à une certaine distance.

Le trompette, qui marche à côté du commandant, fait les sonneries correspondantes aux commandements « *Charge!* » « *Marche-marche!* » et « *Ralliement!* »

Après avoir sonné la « *charge* », il met le sabre à la main et le suspend au poignet par la dragonne, afin de pouvoir prendre la position de l'attaque dès qu'il aura sonné « *marche-marche* ».

58. Si la cavalerie ennemie tourne le dos avant qu'on n'ait commandé « *Marche-marche!* » il n'est pas toujours à propos de la faire poursuivre par l'escadron entier. Dans ce cas, le commandant désigne à cet effet un des deux pelotons des ailes, par le commandement : « *Premier (ou quatrième) peloton à la poursuite!* »

Les autres pelotons suivent, au trot ou au galop, à distance convenable.

Pour mettre fin à la poursuite, le commandant fait sonner le « *ralliement* ». A cette sonnerie, le peloton vient se réunir aussi rapidement que possible à une des ailes de l'escadron, chaque cavalier ayant soin de démasquer le front le plus tôt qu'il peut.

59. Pour exécuter *la charge en colonne,* on emploie la même série de commandements et de sonneries, et l'on se conforme aux mêmes observations que pour la charge en ligne.

Après avoir fait le commandement « *Charge!* » le commandant se porte à côté du chef du peloton de tête.

Si la cavalerie ennemie tourne le dos avant qu'on n'ait commandé « *Marche-marche!* » le commandant

lance sur lui le premier peloton par le commandement : « *Premier peloton à la poursuite!* »

CHARGE EN FOURRAGEURS (EN ESSAIM)

60. La charge en fourrageurs s'exécute aux commandements et suivant les principes prescrits dans le
Règlement d'instruction (1).

Lorsque l'escadron n'est pas lié à d'autres troupes
de cavalerie, il laisse un peloton en réserve.

On désigne à cet effet un des pelotons du centre,
afin de faciliter la dispersion en fourrageurs.

Au commandement : « *Deuxième (ou troisième) peloton en réserve!* » le peloton désigné reste en arrière
et suit l'escadron, au trot ou au galop, à distance
convenable, sur un de ses flancs.

Au « *ralliement* », le peloton vient se placer à une
des ailes de l'escadron.

CHARGE CONTRE LA CAVALERIE

61. Il faut, autant que possible, surprendre la cavalerie pendant qu'elle se déploie, ou, si elle est déjà
déployée, la charger sur un de ses flancs.

Une petite troupe est à peu près certaine d'avoir le
dessus sur une troupe beaucoup plus forte, en la pre-
nant de flanc. Le nombre est pour peu de chose en

(1) Voir la note 1 à la fin du volume.

pareil cas ; il faut seulement, pour réussir, que la charge soit exécutée avec une rapidité telle que l'ennemi surpris n'ait pas le temps de changer de front. Le meilleur moyen, pour cela, c'est de savoir habilement profiter du terrain pour s'établir et s'avancer à couvert.

CHARGE CONTRE L'INFANTERIE

62. Il faut, autant que possible, charger l'infanterie pendant qu'elle est en mouvement ou tâcher de la surprendre de telle sorte qu'elle n'ait pas le temps de former le carré.

Si l'on ne peut attaquer dans ces conditions et qu'il faille cependant enfoncer réellement l'infanterie, on lance successivement sur le carré plusieurs fractions les unes à la suite des autres, afin d'ébranler, par ces charges rapidement renouvelées, le moral du fantassin.

La charge doit être dirigée, en principe, sur un des côtés du carré, parce que, en tombant sur un des angles, le choc ne se produirait directement que sur un seul point et la cohésion de la troupe assaillante serait rompue.

Le front des fractions successives dépend de la longueur du côté du carré qu'elles attaquent.

Les fractions doivent se suivre à 80 ou 100 pas au moins les unes des autres ; elles prennent successivement ces distances pendant la marche en avant, après le commandement « *Charge !* »

63. Dans les simulacres de charges contre l'infanterie, il ne faut jamais commander : « *Marche-marche!* »
mais faire toujours arrêter à 100 pas environ de l'ennemi marqué et considérer la charge comme réussie,
afin de ne pas habituer systématiquement la troupe à
faire demi-tour.

CHARGE CONTRE L'ARTILLERIE

64. Il faut, autant que possible, charger l'artillerie
pendant qu'elle est en mouvement, pendant quelle
ôte ou qu'elle met les avant-trains, ou bien la prendre
de flanc.

On charge en fourrageurs sur les pièces mêmes,
mais en même temps on fait toujours charger la
troupe de soutien par une fraction d'une force pro-
portionnée, en ordre compacte. Un escadron, par
exemple, lancera un peloton en fourrageurs sur les
pièces, pendant que les trois autres pelotons compactes aborderont la troupe de soutien.

§ 13. RALLIEMENT

65. En principe, l'escadron se rallie *en bataille,*
et dans l'ordre où il était en se portant en avant.

66. Lorsque l'escadron doit se rallier en colonne,
le commandant l'indique pendant le ralliement
même.

67. Pour exercer l'escadron à se rallier en ba-

taille, soit en avant, soit en arrière, on se conforme
à ce qui est prescrit dans le *Règlement d'instruction* (1);
les chefs de peloton doivent faire en sorte, dans le
demi-tour comme dans la face en tête, de se porter
le plus rapidement possible en avant du nouveau
front.

Le commandant de l'escadron se conforme à ce
qui est prescrit dans ce règlement pour le chef de
peloton.

Toutes les fois que le commandant fait le commandement « *Ralliement!* » le trompette fait la sonnerie
correspondante.

L'escadron est aussi exercé, de temps en temps, à
se rallier en avant, en arrière ou sur le flanc, étant
en harde ou en colonne par files. Les pelotons prennent
alors sur le nouveau front les places qu'ils occu-
peraient après le déploiement de la colonne (n°s 50,
51 et 52).

68. Toute troupe de cavalerie devant, de toute
importance, pouvoir se rallier promptement dans
toutes les conditions, l'escadron doit être exercé aux
ralliements de toute sorte, mais principalement au
ralliement en arrière. Il y a en effet, dans le combat,
des circonstances qui forcent le chef de la troupe la
plus brave à renoncer momentanément à une attaque,

(1) Voir la note 2 à la fin du volume.

et à se retirer rapidement pour se soustraire à une
situation défavorable.

Comme d'ailleurs, dans des moments aussi **graves**
et malgré l'irrégularité de la retraite, le commandant
doit toujours rester maître de ses hommes, il faut,
pendant la paix, habituer les cavaliers à faire demi-
tour, pendant la marche en avant, au commandement
de leur chef, puis à faire face en tête à son premier
cri ou à la première note de la trompette, à se rallier,
et à charger de nouveau.

Cet exercice confirme l'homme dans la conviction
que, si son commandant commande « *Demi-tour !* »
avant la charge, ce n'est jamais que pour le ra-
mener à l'ennemi quelques instants après.

C'est en outre le meilleur moyen d'apprendre à la
troupe le ralliement ; mais il ne faut jamais commander « *Demi-tour!* » une fois qu'on a commandé «*Marche-
marche!* » parce que, même dans les simulacres, on
doit fortifier l'homme dans ce principe que, lorsqu'il
a entendu « *Marche-marche!* » il doit toujours foncer
réellement sur l'ennemi.

§ 14. PATROUILLES (1)

69. Un escadron isolé doit, à portée de l'ennemi,
se mettre à l'abri de toute surprise, en avant, sur ses

(1) Voir la note 3 à la fin du volume.

flancs et en arrière, en détachant dans ces directions des cavaliers disséminés.

D'après ce principe important, « *qu'il ne faut pas éparpiller ses forces* », un escadron isolé n'a généralement besoin, pour ce service de sûreté, que d'une seule patrouille ; elle détachera un ou deux cavaliers sur chaque flanc, autant en arrière, et le reste marchera en avant de l'escadron.

§ 15. PASSAGES D'OBSTACLES

70. Lorsque les cavaliers et les chevaux auront été bien exercés à passer les obstacles isolément et par peloton, ils n'éprouveront aucune difficulté à les passer par escadron.

Il dépend essentiellement des chefs de peloton de faire arriver la ligne ou la colonne sur les obstacles avec ordre, calme et ensemble.

Il suffira de peu d'exercices pour arriver à ce résultat et obtenir que la colonne ne s'allonge pas.

A défaut d'obstacles naturels, on fera établir des obstacles artificiels sur le terrain de manœuvres, ainsi qu'il est prescrit dans le *Règlement d'instruction*.

Mais le but essentiel étant d'amener la troupe à passer sans hésitation les obstacles naturels qui se présentent habituellement, ce sont ceux-là qu'il faut rechercher.

71. Il est incomparablement plus important pour la **cavalerie** de savoir passer des fossés, secs ou pleins d'eau, des ravins, etc., que sauter des haies, des cloisons ou des barrières, car on peut toujours, sans perdre beaucoup de temps, éviter ces derniers obstacles ou les renverser en partie.

Lorsque les fossés sont à talus inclinés ou que, coupés à pic, ils sont trop larges pour qu'on puisse les sauter, on les *traverse*.

Les chemins creux, les pentes à surface peu résistante et glissante, mais à fonds dur, se passent plus rapidement en bataille, lorsque le terrain le permet. Si, au contraire, les pentes, les chemins creux, les chaussées, sont à sol sablonneux, il vaut mieux les passer en colonne parce que chaque fraction qui les franchit en diminue l'importance.

En principe, on aborde en colonne les obstacles qui exigent un saut en hauteur, parce que, s'ils ne sont pas très-résistants, les premières fractions les enfoncent généralement et les suivantes peuvent passer librement.

72. Lorsque les cavaliers envoyés en patrouille signalent plusieurs passages, les chefs de peloton se dirigent sur chacun d'eux, sans attendre de commandements.

73. En dehors des exercices, et toutes les fois qu'il ne s'agit pas d'éprouver l'adresse des hommes et des chevaux, tout commandant doit, lorsqu'il rencontre un obstacle sur sa route, examiner mûrement s'il est plus utile de le franchir que de le tourner, parce qu'un cheval perd toujours de son fonds en sautant, ou en gravissant une pente roide.

———

CHAPITRE II

FORMATIONS ET MOUVEMENTS D'UN RÉGIMENT

ARTICLE PREMIER

RÈGLES GÉNÉRALES

§ 16. Organisation tactique du régiment

74. Trois escadrons forment une *division*, et deux divisions un *régiment*.

L'escadron dans la division, et la division dans le régiment, sont des corps tactiques indépendants, qui n'ont de place assignée que dans la formation normale.

Une division, qui n'est pas directement liée à un régiment, se forme et se meut suivant les mêmes principes qu'un régiment.

§ 17. Différentes formations d'un régiment

75. Le régiment peut se former et se mouvoir :

« *En bataille* » (*en ligne déployée*),

« *En ligne de colonnes* »,

« *En masse* »,

« *En colonne simple* »,

ou « *En colonne double* ».

EN BATAILLE

76. Dans l'ordre en bataille, les escadrons déployés sont placés sur la même ligne, les uns à côté des autres, et à dix pas d'intervalle. C'est ce qu'on appelle « *intervalle de régiment* ».

Dans la formation normale, ils se suivent, de la droite à la gauche, dans l'ordre de leurs numéros habituels de service.

Dans le cours des mouvements, les escadrons sont toujours désignés par les numéros qu'ils occupent accidentellement sur la ligne et qui se comptent de la droite à la gauche.

La division qui se trouve accidentellement à l'aile droite du régiment s'appelle la *première division*, et l'autre la *seconde division*.

L'ordre en bataille s'emploie principalement pour la charge, ou lorsque le régiment est obligé de rester de pied ferme et à découvert sous le feu de l'artillerie ennemie, ou encore de se mouvoir à découvert sur un terrain sans obstacles.

Formation (normale) en ligne de colonnes.

6	5	4	3	2	1
—	—	—	—	—	—
—	—	—	—	—	—
—	—	—	—	—	—
—	—	—	—	—	—

77. Dans l'ordre en ligne de colonnes, les escadrons, formés en colonne, sont placés parallèlement les uns aux autres, ayant leurs têtes à la même hauteur, et conservant entre eux un intervalle égal à leur front, plus dix pas.

Pour l'ordre dans lequel se suivent les escadrons, leur dénomination et celle des divisions, on se conforme à ce qui est prescrit dans l'ordre en bataille.

L'ordre en ligne de colonnes ne s'emploie principalement que comme préparation au déploiement en bataille, lorsqu'on veut charger de front un ennemi qui se tient ou se meut sur un front parallèle.

EN MASSE

Formation (normale) en masse.

6	5	4	3	2	1
—	—	—	—	—	—
—	—	—	—	—	—
—	—	—	—	—	—
—	—	—	—	—	—

78. Dans l'ordre en masse, les escadrons, formés en colonne, sont placés parallèlement les uns aux autres, comme dans l'ordre en ligne de colonnes, mais à dix pas seulement d'intervalle.

Mêmes règles d'ailleurs que pour l'ordre en ligne de colonnes.

L'ordre en masse s'emploie pour placer plusieurs escadrons à couvert, sur un espace restreint, ou pour les faire mouvoir hors de la zone dangereuse de l'artillerie.

EN COLONNE SIMPLE

79. Dans l'ordre en colonne simple, les escadrons, formés en colonne, sont placés les uns derrière les autres, conservant entre eux une distance égale à l'intervalle d'escadron, plus la distance de peloton.

Dans la formation normale, et à moins d'ordre contraire, ils se suivent, de la tête à la queue, dans l'ordre de leurs numéros habituels de service.

Dans le cours des mouvements, les escadrons sont toujours désignés par les numéros qu'ils occupent accidentellement dans la colonne.

En colonne simple, la *première division* est toujours celle qui se trouve en tête ; l'autre est la *seconde.*

La colonne simple s'emploie principalement pour les mouvements à grandes distances, parce que son peu de largeur permet de parcourir facilement des terrains

variés et de profiter des accidents, même peu importants, du sol pour se couvrir.

Elle permet de se mettre en bataille dans tous les
sens, mais elle se prête surtout au déploiement sur un
des flancs.

EN COLONNE DOUBLE

80. Dans l'ordre en colonne double, les divisions,
formées en colonne simple, sont placées l'une à côté
de l'autre, leurs têtes à la même hauteur, et conservant entre elles dix pas d'intervalle.

La division qui se trouve du côté droit s'appelle la
première division, et l'autre la *seconde*.

Une division seule ne se forme qu'exceptionnellement en colonne double ; la formation est alors analogue à celle d'un régiment. La colonne de droite
s'appelle la *première*, et l'autre la *seconde colonne*.

Dans une division de trois escadrons, la première
colonne est composée de deux escadrons l'un derrière
l'autre.

La colonne double s'emploie, dans les grandes réu-
nions de troupes, pour diminuer la longueur de la
colonne ; dans un régiment isolé, elle sert de moyen
auxiliaire de manœuvre parce que, sa longueur étant
moindre que celle de la colonne simple, elle permet de se mettre plus rapidement en bataille sur la
tête.

§ 18. Réunion d'un régiment

81. Les escadrons se forment d'abord séparément, après quoi ils sont placés les uns à côté des autres ou les uns derrière les autres.

Chaque commandant rend compte ensuite à son commandant de division, ainsi qu'il est prescrit au chef de peloton, dans le *Règlement d'instruction*, pour recevoir un supérieur, et les commandants de division rendent compte au commandant du régiment, du nombre des présents.

82. Toute fraction plus forte qu'un escadron est commandée par le commandant de division; toute fraction plus forte qu'une division est commandée par le commandant du régiment.

83. Lorsque les divisions sont appelées à agir séparément, le commandant du régiment marche avec celle qui a la mission la plus importante.

Il en est de même pour le commandant de division, en cas de séparation des escadrons.

§ 19. Formation d'une réserve séparée

84. La réserve est destinée à protéger la troupe qui se porte en avant contre toute surprise sur ses flancs et sur ses derrières; à décider, en intervenant en temps utile, le sort d'un combat douteux, ou, en

cas d'insuccès, à forcer l'ennemi, par une contre-
attaque, à mettre fin à la poursuite.

Ces devoirs multiples et importants exigent que le
commandant de la réserve jouisse d'une grande indépendance.

85. Dans un régiment qui n'est pas immédiatement
appuyé par d'autres troupes, la réserve est habituellement composée d'un escadron; pour une division
de trois escadrons, elle est composée d'un demi-escadron. Une division de deux escadrons ne forme pas
de réserve séparée; il lui suffit des *flancs défensifs*
qu'elle doit toujours organiser, ainsi qu'il sera prescrit n° 154.

86. La réserve est employée selon les éventualités
du combat; mais tant qu'elle ne reçoit pas d'ordres,
elle suit à 200 ou 400 pas en arrière du centre, si le
régiment est en bataille ou en ligne de colonnes; s'il
est en colonne simple ou en colonne double, elle serre
à la queue.

Lorsqu'on est en masse, la fraction désignée comme
réserve reste dans le rang.

Pendant le combat, si le commandant de la réserve
ne reçoit pas d'instruction particulière, il est tenu de
la diriger de son propre chef, en s'inspirant des principes énoncés n° 155.

§ 20. DÉSIGNATION DE L'ESCADRON DE DIRECTION

87. Lorsque le régiment est en bataille, en ligne

de colonnes ou en masse, la *direction* incombe à l'escadron qui se trouve à droite du centre, s'il y a un nombre pair d'escadrons, et à celui du centre, si le nombre est impair. En colonne double, elle incombe à l'escadron de tête de la première division.

Cet escadron prend le nom d'*escadron de direction ;* c'est sur lui que tous les autres doivent se régler constamment.

Si le commandant du régiment veut désigner un autre escadron, il commande :

« *Direction tel escadron !* »

§ 21. DES ALLURES A EMPLOYER DANS LES ÉVOLUTIONS (1)

88. Dans les évolutions par régiment, les escadrons ont à parcourir, ou des espaces égaux, ou des espaces inégaux.

Lorsqu'ils ont à parcourir *des espaces égaux,* comme dans le cas où le régiment passe de l'ordre en colonne simple à l'ordre en bataille, ou à l'ordre en ligne de colonnes, sur un de ses flancs, tous les escadrons prennent en même temps l'allure ordonnée par le commandant du régiment ou restent à celle à laquelle on marchait précédemment.

89. Toutes les évolutions dans lesquelles les esca-

(1) Le règlement autrichien dit : *changements de formation;* cette expression n'est autre chose que la définition du mot : *évolutions.*

48 CHAPITRE II.

drons parcourent des longueurs inégales doivent
s'exécuter au trot ou au galop.

Dans ce cas, il est de règle que l'escadron qui a le
moins de chemin à parcourir pour arriver à sa place
se mette en mouvement au pas si l'on était de pied
ferme, ou passe au pas si l'on était en marche, et continue ensuite de marcher à cette allure.

Tous les autres escadrons exécutent le mouvement
à l'allure ordonnée ou à celle à laquelle on marchait
précédemment, et passent au pas en arrivant à leurs
places.

Les exceptions seront indiquées à chaque cas particulier.

Le commandant du régiment peut aussi, lorsqu'il
le juge utile, faire arrêter exceptionnellement l'escadron qui a le moindre chemin à parcourir, lorsqu'il
est entré dans la nouvelle direction et qu'il a pris la
formation prescrite.

§ 22. Règles pour les commandements et les sonneries

90. Lorsque le régiment manœuvre en relation directe avec d'autres troupes, le commandant ordonne
les mouvements à la voix.

Dans le cas contraire, il peut se servir de sonneries
de trompette.

Pour les commandements et pour les sonneries, on

se conforme à ce qui est prescrit nº 16, excepté qu'on n'appuie jamais sur la dernière syllabe ou sur le dernier mot du commandement.

Lorsque le commandant du régiment veut attirer sur lui l'attention des commandants d'escadron, il commande : « *Attention !* »

Toutes les fois que le commandement du commandant du régiment ne comporte pas le mot « *Marche !* » les commandants d'escadron font exécuter immédiatement le mouvement.

Dans tous les autres cas ils font leurs commandements au dernier mot du commandement général, mais ils ne commandent «*Marche !* » qu'au moment où le commandant du régiment le fait lui-même, ou fait sonner « l'*exécution* ».

Les escadrons n'exécutent jamais leurs mouvements qu'au commandement de leurs commandants.

Tout commandement fait par le commandant du régiment s'adresse à tous les escadrons du régiment. Lorsque l'ordre ne s'adresse qu'à une partie du régiment, à une division ou à un escadron par exemple, on fait précéder le commandement du numéro de cette fraction.

§ 23. DEVOIRS DES COMMANDANTS

92. Lorsque le commandant du régiment ordonne les mouvements à la voix, il se conforme, en général,

3

à ce qui est prescrit pour le commandant d'escadron, § 4.

Dans les manœuvres, le commandant du régiment ne doit pas s'occuper des détails, mais surveiller constamment la manière dont les commandants d'escadron dirigent leurs escadrons.

93. Lorsque les escadrons sont réunis de telle sorte que le commandant du régiment peut ordonner les mouvements à la voix ou par des sonneries de trompette, les commandants de division veillent à la bonne exécution dans les escadrons sous leurs ordres, mais sans commander eux-mêmes, sauf dans quelques rares exceptions qui seront indiquées.

Lorsque leurs escadrons sont placés l'un à côté de l'autre, les commandants de division restent devant le centre de leurs divisions; lorsque leurs escadrons sont placés l'un derrière l'autre, ils restent à la hauteur de la tête. Toutefois, au commandement « *Attention!* » ils se portent sur un point d'où ils puissent entendre le commandant du régiment et surveiller en même temps leurs divisions.

Le commandant du régiment a toujours la faculté de charger les officiers supérieurs de missions particulières; il peut, par exemple, confier à l'un d'eux le commandant de la réserve, etc...

Lorsque le régiment est divisé de telle sorte qu'on ne peut diriger les divisions qu'au moyen d'une *dispo-*

sition, ou lorsqu'elles doivent opérer indépendamment l'une de l'autre, leurs commandants les commandent à la voix ou par des sonneries de trompette, comme le fait le commandant du régiment pour le régiment réuni.

94. Les commandants d'escadron, au commandement « *Attention !* » se placent de manière à pouvoir entendre le commandant du régiment et se faire entendre eux-mêmes de leur troupe.

Dès que le commandant du régiment a fait un commandement, ils doivent se figurer rapidement la formation à prendre, afin de pouvoir faire aussi à leurs escadrons le commandement correspondant et de les diriger par le chemin le plus court vers la place qu'ils doivent occuper, autant que le terrain le permet. Ils emploieront, à cet effet, la marche oblique, la marche de flanc ou le changement de direction, selon la direction à suivre et le terrain; il n'y a pas de règles fixes à cet égard.

95. L'*adjudant de régiment* et le *trompette en chef* restent en arrière et sur le côté du commandant du régiment, assez près de lui pour pouvoir recevoir ses ordres.

Les *trompettes de division* restent derrière leurs commandants de division ou se portent aux places qu'ils pourraient leur assigner.

§ 24. Mouvements auxiliaires de formation et de manœuvre

ALIGNEMENT

96. Le régiment étant en bataille, en ligne de colonnes ou en masse, on l'aligne par les commandements prescrits n° 21.

Le commandant du régiment aligne les officiers placés en tête des colonnes, ou, si l'on est en bataille, les officiers placés devant le front de l'escadron situé à l'aile du côté de l'alignement; les chefs de peloton des autres escadrons s'alignent ensuite sur eux.

Les commandants d'escadron y veillent en se portant à l'aile opposée à l'alignement, c'est-à-dire à l'aile gauche si l'on s'aligne à droite, à l'aile droite si l'on s'aligne à gauche.

RECULER

97. Dans toutes les formations, le mouvement s'exécute ainsi qu'il est prescrit dans le *Règlement d'instruction.*

MARCHE DE FLANC

98. Lorsqu'on n'a que peu de terrain à gagner sur le flanc, on s'y porte et l'on se remet face en tête par le moyens prescrits dans le *Règlement d'instruction.*

99. Lorsqu'on a une certaine distance à parcourir sur le flanc, le régiment étant en bataille, le commandant le fait rompre en colonne, comme il est prescrit n° 125.

Si le régiment est dans une des autres formations, on fait exécuter, dans chaque escadron, un à droite ou un à gauche en bataille, comme il est prescrit n° 102.

FAIRE FACE EN ARRIÈRE ET SE REMETTRE FACE EN TÊTE

100. Le régiment étant formé dans un ordre quelconque, on fait face en arrière et l'on se remet face en tête par un demi-tour par quatre, lorsqu'on n'a que peu de terrain à gagner; sinon, on emploie toujours le demi-tour par pelotons.

Le commandant du régiment se sert, à cet effet, des commandements prescrits pour le commandant d'escadron, n°s 25, 26 et 43.

Lorsqu'on a fait face en arrière par un demi-tour par quatre, on ne peut exécuter aucun changement de formation autrement que par un à droite ou un à gauche par quatre.

Lorsque, au contraire, on fait face en arrière par un demi-tour par pelotons, on peut commander tous les changements de formation prescrits dans ce règlement.

MARCHE OBLIQUE

101. Le régiment étant formé dans un ordre quelconque, le commandant fait obliquer par les commandements prescrits dans le *Règlement d'instruction*, et le mouvement s'exécute dans tous les escadrons à la fois, conformément au § 8 s'ils sont en bataille, et au n° 41 s'ils sont en colonne.

CHANGEMENTS DE FORMATION DANS CHAQUE ESCADRON OU DANS CHAQUE DIVISION

Le commandant du régiment peut, comme moyen auxiliaire et exceptionnel, au lieu d'employer les commandements prescrits pour certains mouvements, les faire exécuter par des changements de formation dans chaque escadron ou dans chaque division. Tel sera le cas, par exemple, si l'on veut se porter à une distance assez longue sur le flanc, étant en masse ou en colonne double.

CHANGEMENTS DE FORMATION DANS CHAQUE ESCADRON

102. Les escadrons étant formés en colonne, pour les faire déployer en bataille, le commandant du régiment commande :

« *Dans chaque escadron ! — Vers la droite (ou vers la gauche) en avant en bataille !* »

ou « *Dans chaque escadron! — En avant en bataille!* »

ou « *Dans chaque escadron! — A droite (ou à gauche) en bataille!* »

« *Au pas (au trot, au galop) — marche!* »

ou « *Marche!* »

103. Les escadrons étant déployés, au contraire, pour les faire former en colonne, le commandant du régiment commande :

« *Dans chaque escadron! — Colonne à droite (ou à gauche)!* »

ou « *Dans chaque escadron! — Colonne à droite (ou à gauche) en avant!* »

« *Au pas (au trot, au galop)! — Marche!* »

ou « *Marche!* »

CHANGEMENTS DE FORMATION DANS CHAQUE DIVISION

104. Les divisions étant formées en colonnes, pour les faire déployer en bataille, le commandant du régiment commande :

« *Dans chaque division! — Vers la droite (ou vers la gauche) en avant en bataille!* »

ou « *Dans chaque division! — En avant en bataille!* »

ou « *Dans chaque division! — A droite (ou à gauche) en bataille!* »

« *Au pas (au trot, au galop)! — Marche!* »
ou « *Marche!* »

105. Les divisions étant déployées, au contraire, pour les faire former en colonne, le commandant du régiment commande :

« *Dans chaque division! — Colonne à droite (ou à gauche)!* »
ou « *Dans chaque division! — Colonne à droite (ou à gauche) en avant!* »
« *Au pas (au trot, au galop)! — Marche!* »
ou « *Marche!* »

106. Les divisions étant formées en colonne, pour les faire changer de direction par leurs têtes, le commandant du régiment commande :

« *Dans chaque division! — Tête de colonne à droite (ou à gauche, ou demi à droite, ou demi à gauche)!* »

107. Dans ces différents cas les commandants de division font les commandements correspondants aux mouvements que doivent exécuter leurs divisions.

Il en est de même lorsque le commandement du commandant du régiment ne s'applique qu'à une seule division.

ARTICLE II

MOUVEMENTS DE FRONT

§ 25. MARCHE DIRECTE EN AVANT ET EN RETRAITE, LE RÉGIMENT ÉTANT EN BATAILLE OU EN LIGNE DE COLONNES

108. Le régiment étant en bataille ou en ligne de colonnes, le commandant le fait porter en avant, comme il est prescrit dans le *Règlement d'instruction*.

Il choisit un point de direction aussi éloigné que possible et l'indique au commandant de l'escadron de direction. Ce dernier dirige son escadron bien droit sur ce point.

Les autres commandants dirigent leurs escadrons de manière à marcher à une allure bien égale, dans une direction parallèle et en conservant l'alignement général.

Lorsque le commandant du régiment prend lui-même la direction, le commandant de l'escadron de direction se maintient à 30 pas environ derrière lui.

Il ne faut pas tenir outre mesure à la conservation des intervalles, car ils n'ont pour but que de donner le jeu nécessaire pour que les fautes qui se produiraient dans un escadron ne se propagent pas dans tout le régiment.

Lorsqu'un commandant d'escadron s'aperçoit que

3.

son escadron s'éloigne ou se rapproche trop de l'escadron de direction, il ne rectifie sa direction que peu à peu, afin d'éviter des fluctuations dans la ligne.

109. Pour marcher en retraite, le commandant du régiment fait faire face en arrière, et l'on se conforme ensuite aux mêmes principes que pour la marche en avant.

Le régiment étant en ligne de colonnes, si un escadron a son peloton de queue détaché, le peloton qui devient tête de colonne après le demi-tour ne marche pas à hauteur de la tête des autres escadrons, mais à hauteur des deuxièmes pelotons.

§ 26. CONVERSION EN BATAILLE OU EN LIGNE DE COLONNES

110. Le régiment étant en bataille ou en ligne de colonnes, on ne fait exécuter de conversions que lorsqu'il s'agit de faire avancer un peu une des ailes.

Le mouvement s'exécute aux commandements et suivant les principes prescrits pour un escadron n° 31.

§ 27. PASSER DE L'ORDRE EN BATAILLE A L'ORDRE EN LIGNE DE COLONNES ET RÉCIPROQUEMENT

111. Pour passer de l'ordre en bataille à l'ordre en ligne de colonnes, le mouvement s'exécute, en principe, par la rupture « *à droite en avant* ». Le commandant du régiment commande :

« *Ligne de colonnes !* »

« *Au pas (au trot, au galop) — marche !* »

ou « *Marche !* »

A ce commandement, chaque escadron rompt en colonne « *à droite en avant* ».

Lorsque le commandant du régiment veut, exceptionnellement, faire former les colonnes « *à gauche en avant* », comme, par exemple, lorsque le terrain ne permet pas de rompre par la droite, il fait les commandements prescrits n° 103.

112. Pour passer de l'ordre en ligne de colonnes à l'ordre en bataille, le mouvement devant se faire aussi rapidement que possible, on l'exécute, en principe, par la formation *en avant en bataille*. Le commandant du régiment commande :

« *En avant en bataille !* »

« *Au trot (ou au galop) — marche !* »

ou « *Marche !* »

A ce commandement, chaque escadron se forme en avant en bataille, c'est-à-dire vers la droite et vers la gauche.

Lorsque le commandant du régiment veut, par exception, faire former *vers la droite (ou vers la gauche) en avant en bataille*, il fait les commandements prescrits n° 102.

ARTICLE III

FORMATION, MARCHE ET DÉPLOIEMENT DE LA MASSE

§ 28. FORMER LA MASSE

113. On peut se former en masse, étant en ligne de colonnes, en colonne simple ou en colonne double.

FORMER LA MASSE, ÉTANT EN LIGNE DE COLONNES

114. Pour former la masse, étant en ligne de colonnes, le commandant du régiment commande :

« *Masse sur tel escadron!* »

« *Au trot — marche!* »

ou « *Marche!* »

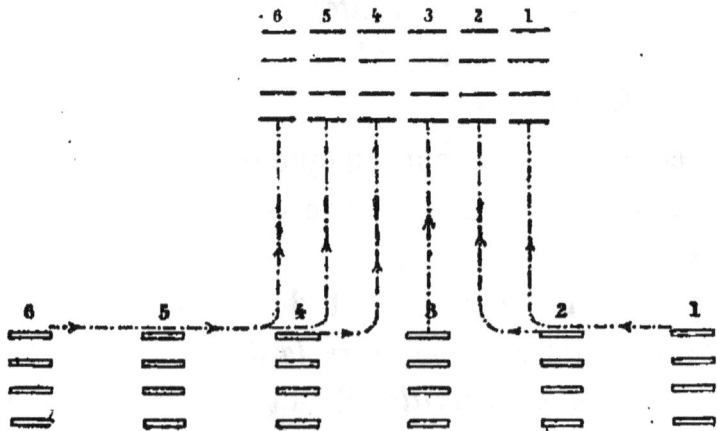

L'escadron désigné par le commandement marche droit devant lui et devient escadron de direction jusqu'à ce que la formation soit terminée.

Les autres escadrons se dirigent, par un à droite ou un à gauche par quatre, vers la place qu'ils doivent occuper dans la masse.

On se conforme, pour les allures, à ce qui est prescrit n° 89.

FORMER LA MASSE, ÉTANT EN COLONNE SIMPLE

115. Pour former la masse, étant en colonne simple, le mouvement s'exécute toujours sur l'escadron de tête.

Lorsqu'on veut se former en masse *sur une ligne oblique*, ou *sur un des flancs*, le commandant du régiment fait entrer le peloton de tête dans la nouvelle direction et commande ensuite la formation vers la droite ou vers la gauche et en avant.

116. Pour former la masse, étant en colonne simple, le commandant du régiment commande :

« *Masse vers la droite (ou vers la gauche) en avant!* »
ou « *Masse en avant!* »
« *Au trot — marche!* »
ou « *Marche!* »

L'escadron de tête marche droit devant lui et con-

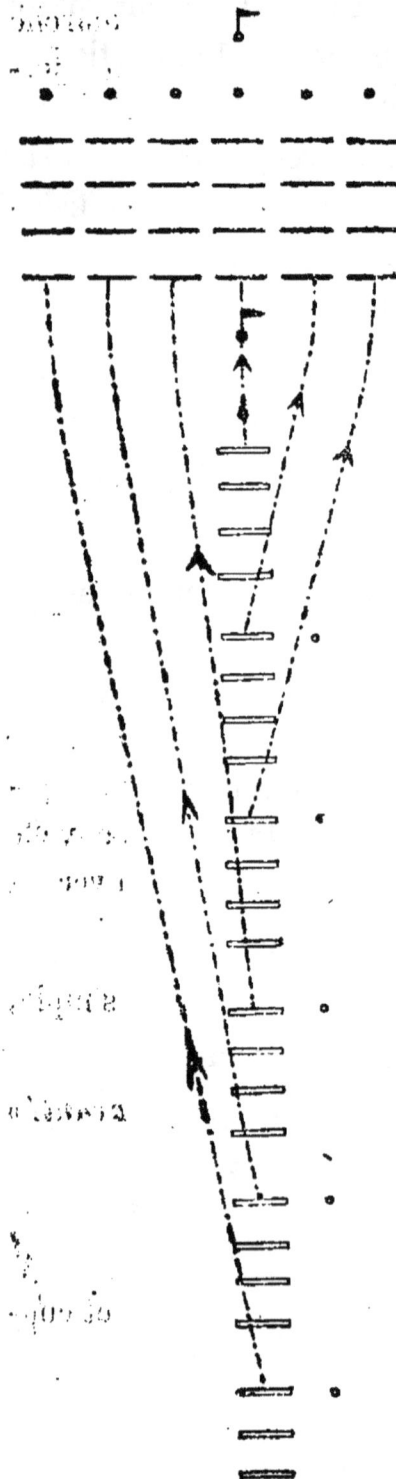

serve la direction jusqu'à ce que la formation soit terminée.

Les autres escadrons se dirigent, du côté indiqué par le commandement, vers les places qu'ils doivent occuper dans la masse. Lorsque le commandement n'indique pas le côté de la formation, les escadrons de la première division se portent à la droite, et ceux de la deuxième division à la gauche de l'escadron de tête.

On se conforme, pour les allures, à ce qui est prescrit n° 89.

FORMER LA MASSE, ÉTANT EN COLONNE DOUBLE

117. Pour former la masse, étant en colonne double, le mouvement s'exécute sur les escadrons de tête.

Lorsqu'on veut se former en masse *sur une ligne oblique* ou *sur un des flancs,* le commandant du régiment fait entrer la tête dans la nouvelle direction et commande ensuite le mouvement. Il commande :

« *Masse en avant!* »
« *Au trot — marche!* »
ou « *Marche!* »

Les deux escadrons de tête marchent droit devant eux. Les autres escadrons se dirigent vers les places qu'ils doivent occuper dans la masse, ceux de la première division à droite, ceux de la deuxième division à gauche.

On se conforme d'ailleurs à ce qui est prescrit pour former la masse, étant en colonne simple.

§ 29. MARCHER EN MASSE

118. On se conforme, pour marcher en masse, à ce qui est prescrit pour marcher en ligne de colonnes.

§ 30. DÉPLOYER LA MASSE

DÉPLOYER LA MASSE EN LIGNE DE COLONNES

119. Pour déployer la masse en ligne de colonnes, le commandant du régiment commande :

« *Ligne de colonnes sur tel escadron!* »
« *Au trot (ou au galop) — marche!* »
ou « *Marche!* »

L'escadron désigné par le commandement marche droit devant lui et devient escadron de direction jusqu'à ce que le mouvement soit terminé. Les autres escadrons se dirigent vers les places qu'ils doivent occuper.

On se conforme, pour les allures, à ce qui est prescrit n° 89.

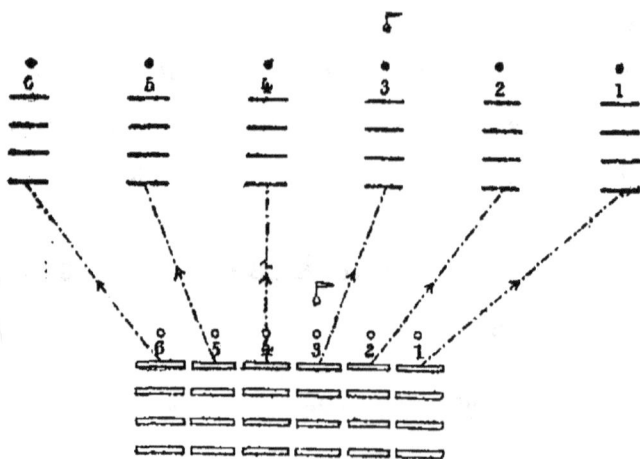

ARTICLE IV

FORMATION, MARCHE ET DÉPLOIEMENT DE LA COLONNE

§ 34. COLONNE PAR FILES

120. Lorsqu'il y a lieu d'employer la colonne par files, dans les circonstances indiquées au n° 32, le commandant du régiment fixe la distance que les escadrons doivent conserver entre eux pendant la marche ; mais si l'on forme la colonne par files pour

passer un défilé, les escadrons serrent les uns sur les autres.

FORMATION DE LA COLONNE PAR FILES

121. Chaque escadron se forme en colonne par files, comme il est prescrit aux n°s 33 et 34, et (à l'exception du premier) prend la queue de celui qui le précède, ainsi qu'il est expliqué pour la formation de la colonne simple, ou observe la distance prescrite par le commandant du régiment.

MARCHER EN COLONNE PAR FILES

122. En colonne par files, chaque escadron marche pour son compte, en se conformant aux principes prescrits n° 35.

DÉPLOYER LA COLONNE PAR FILES

123. Chaque escadron se déploie pour son compte, ainsi qu'il est prescrit au n° 36, et se dirige ensuite vers la place qu'il doit occuper.

§ 32. COLONNE SIMPLE

FORMER LA COLONNE SIMPLE

124. Le régiment étant en bataille, en ligne de colonnes, ou en masse, on peut le former en colonne simple pour rompre *vers le flanc* ou pour rompre *en avant;* lorsqu'il est en colonne double, on ne peut rompre *qu'en avant.*

Étant en bataille, en ligne de colonnes ou en masse, on peut rompre en avant en faisant prendre la tête par un escadron quelconque.

FORMER LA COLONNE SIMPLE, ÉTANT EN BATAILLE OU EN LIGNE DE COLONNES

125. Le régiment étant en bataille ou en ligne de colonnes, pour le former en colonne simple *pour marcher vers le flanc*, c'est-à-dire dans le prolongement du front, le commandant commande :

« *Colonne à droite (ou à gauche) !* »

« *Au pas (au trot, au galop) — marche !* »

ou « *Marche !* »

Si le régiment est en bataille, chaque commandant d'escadron fait rompre son escadron par pelotons du côté indiqué ; si le régiment est en ligne de colonnes, chaque commandant d'escadron fait changer de direction de ce côté.

126. Le régiment étant en bataille, pour rompre en colonne simple *en avant*, le commandant du régiment commande :

« *Colonne en avant !* »

« *Tel escadron !* »

« *Au pas (au trot, au galop) — marche !* »

ou « *Marche !* »

L'escadron désigné se porte en avant à l'allure ordonnée ou continue de marcher à l'allure qu'on avait précédemment et rompt en colonne *à droite en avant,* ou *à gauche en avant,* selon la direction dans laquelle on doit marcher.

Les autres escadrons, au commandement de leurs commandants, rompent en colonne : ceux de droite, à gauche ; ceux de gauche, à droite, et prennent rang dans la colonne, dès qu'ils ont le terrain nécessaire, dans l'ordre où ils se trouvaient en bataille et par divisions.

Lorsque l'escadron désigné est celui du centre d'une division de trois escadrons, il est suivi d'abord par celui qui était à sa droite, puis par celui qui était à sa gauche.

COLONNE EN AVANT SUR LE 3ᵉ ESCADRON

127. Le régiment étant en ligne de colonnes, pour rompre en colonne simple *en avant,* le commandant commande :

« *Colonne en avant !* »

« *Tel escadron !* »

« *Au pas (au trot, au galop) — marche !* »

ou « *Marche !* »

L'escadron désigné marche droit devant lui à l'al-

lure indiquée ou à celle qu'on avait précédemment ;
tous les autres viennent prendre rang dans la colonne,
par une marche de flanc, se conformant à ce qui est
prescrit n° 126, pour l'ordre dans lequel ils doivent y
entrer successivement.

FORMER LA COLONNE SIMPLE, ÉTANT EN MASSE

128. Le régiment étant en masse, on le forme en
colonne simple, *vers le flanc* ou *en avant,* comme lorsqu'il est en ligne de colonnes, avec cette différence
que tous les escadrons, excepté celui de tête, restent
arrêtés jusqu'à ce qu'ils aient le terrain nécessaire
pour suivre à leur distance.

FORMER LA COLONNE SIMPLE, ÉTANT EN COLONNE DOUBLE

129. Le régiment étant en colonne double, pour le
former en colonne simple, le commandant commande :

    « *Colonne !* »
    « *Telle division !* »
    « *Au pas (au trop, au galop) — marche !* »
ou « *Marche !* »

Le commandant de la division désignée la fait marcher droit devant elle à l'allure indiquée ou à celle
qu'on avait précédemment ; l'autre division s'arrête
et ne se remet en marche que lorsqu'elle peut suivre
la queue de la première.

MARCHER EN COLONNE SIMPLE

130. Pour marcher en colonne simple, on se conforme en général à ce qui est prescrit au § 11.

131. Le commandant de l'escadron de tête marche en avant du centre du premier peloton ; on lui indique toujours le point de direction ; les autres commandants marchent sur le flanc de leurs escadrons.

Lorsque les distances viennent à se perdre, chaque commandant d'escadron maintient son escadron serré sur lui-même et ne lui fait reprendre la distance que peu à peu.

Lorsque le commandant du régiment se porte sur un côté ou sur l'autre de la colonne, il en prévient les commandants d'escadron par le commandement « *Attention!* » ils se portent alors du même côté que lui.

On se conforme d'ailleurs aux principes prescrits n° 40.

132. La marche oblique, les changements de direction, la marche en arrière et la marche de flanc, s'exécutent absolument par les commandements et suivant les principes prescrits aux n°ˢ 41, 42, 43 et 44.

133. Pour passer de la colonne simple à la colonne par files et réciproquement, chaque escadron exécute le mouvement pour son compte, ainsi qu'il est prescrit aux n°ˢ 45 et 46.

Lorsqu'on passe de la colonne par files à la colonne simple, chaque escadron se forme d'abord sur lui-même ; son commandant lui fait ensuite rejoindre sa distance, à l'allure à laquelle les pelotons se sont formés eux-mêmes et ont serré.

DÉPLOYER LA COLONNE SIMPLE

134. Un régiment en colonne simple peut se déployer en ligne de colonnes ou en bataille :

« *En avant* »,

« *Sur une ligne oblique* »,

ou « *sur un de ses flancs* ».

Le déploiement du régiment *sur la tête* s'exécute, en principe, *vers la droite et vers la gauche;* toutefois il peut s'exécuter aussi d'un seul côté, c'est-à-dire *vers la droite ou vers la gauche*.

135. Le déploiement *en ligne de colonnes* s'emploie lorsqu'on veut être prêt d'avance à se déployer rapidement en bataille pour charger de front et en ordre parallèle.

On ne doit jamais se déployer immédiatement en bataille qu'à une distance telle, que l'ennemi ne puisse troubler le mouvement ; il faut, en outre, qu'on ait encore, après le déploiement, l'espace nécessaire pour mettre les chevaux au train de charge. Mais on ne doit pas non plus se déployer à une distance trop grande, parce que la ligne de colonnes, ou la ligne en bataille, est beaucoup moins maniable que la colonne simple.

Toutes choses égales d'ailleurs, entre deux troupes de cavalerie opposées, l'avantage sera donc, en principe, à celle qui restera le plus longtemps en colonne simple, pourvu qu'elle ait le temps d'achever son déploiement et de passer à la charge.

Le déploiement d'un régiment en avant en bataille, c'est-à-dire vers la droite et vers la gauche, exige, au galop, une minute au moins, et il ne faut pas oublier que la ligne a ensuite 200 pas au moins à parcourir, pour faire passer les chevaux du pas au galop le plus allongé.

Le déploiement en bataille sur une ligne oblique ne demande presque que la moitié du temps nécessaire pour se déployer sur la tête.

Le déploiement en bataille sur un des flancs est le plus rapide de tous, et il offre en outre ce grand avantage, qu'on peut commander « *Marche-marche!* » presque immédiatement après l'emboîtement.

136. Il est très-important que, immédiatement après tout déploiement, le régiment continue de marcher exactement dans la direction choisie par le commandant.

Toute infraction à cette règle est d'autant plus dangereuse qu'on se déploie plus près de l'ennemi.

Afin de prévenir les fautes de cette nature, autant qu'il est possible, le commandant du régiment doit toujours se placer, pour commander le déploiement, sur le point vers lequel devra se diriger ensuite le centre de l'escadron de direction.

137. Dans tous les déploiements, on se conforme, pour les allures, à ce qui est prescrit aux n°s 88 et 89 ; quant à *la direction*, il est de règle qu'elle n'incombe qu'après le déploiement terminé à l'escadron qui doit en être chargé, en bataille ou en ligne de colonnes, d'après les principes prescrits au n° 87.

DÉPLOYER LA COLONNE SIMPLE EN LIGNE DE COLONNES

138. Pour déployer en ligne de colonnes, *en avant*, le commandant du régiment commande :

« *Ligne de colonnes vers la droite (ou vers la gauche) en avant!* »

où « *Ligne de colonnes en avant!* »

« *Au trot (ou au galop) — marche!* »

ou « *Marche!* »

Le mouvement s'exécute d'après les principes prescrits pour passer de l'ordre en colonne simple à l'ordre en masse (n° 116), avec cette différence que les escadrons prennent entre eux l'intervalle prescrit en ligne de colonnes.

139. Pour déployer en ligne de colonnes *oblique*, le commandant du régiment commande :

« *Ligne de colonnes demi à droite (ou demi à gauche)!* »

« *Au trot (au galop) — marche!* »

ou « *Marche!* »

A ce commandement, chaque commandant d'escadron fait exécuter à son peloton de tête le changement de direction indiqué, et le commandant du régiment commande : « *En avant!* »

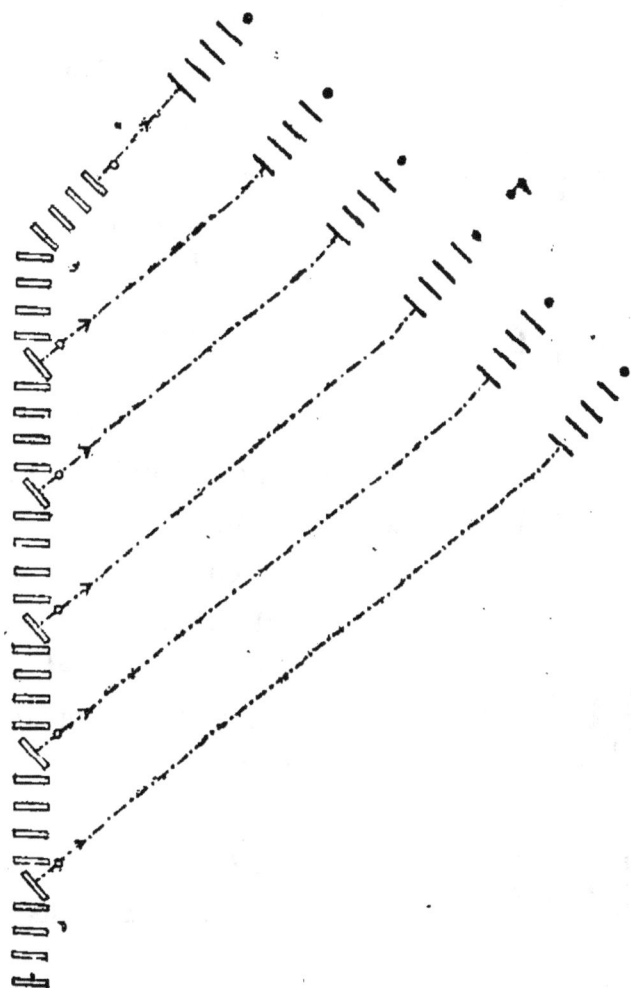

Le commandant de l'escadron qui était en tête de colonne le fait alors marcher droit devant lui ; les

autres escadrons se dirigent vers les places qu'ils
doivent occuper en bataille.

140. Pour déployer *sur un des flancs*, le commandant du régiment commande :

« *Ligne de colonnes à droite (ou à gauche)!* »

« *Au pas (au trot, au galop) — marche!* »

ou « *Marche!* »

A ce commandement, chaque commandant d'escadron fait changer de direction par sa tête de colonne, du côté indiqué.

Le commandant du régiment commande ensuite : « *En avant!* » et tous les escadrons se portent droit devant eux.

DÉPLOYER LA COLONNE SIMPLE EN BATAILLE

141. Pour déployer en bataille en avant, le commandant du régiment commande :

« *Vers la droite (ou vers la gauche) en avant
en bataille !* »

ou « *En avant en bataille !* »

« *Au trot (au galop) — marche !* »

ou « *Marche !* »

Lorsqu'on déploie « *vers la droite (ou vers la gauche)
en avant* », le commandant de l'escadron de tête fait
déployer du côté indiqué par le commandement. Chacun des autres commandants d'escadron fait obliquer
de ce même côté, et, dès qu'il a gagné l'espace nécessaire et que son peloton de tête arrive à une distance de la ligne de bataille égale à son front, il
commande le déploiement en avant et du côté indiqué.

Lorsqu'on déploie « *vers la droite et vers la gauche
en avant* », les escadrons de la première division déploient *vers la droite*, et ceux de la deuxième *vers la
gauche* de la ligne.

142. Dans une division de trois escadrons, manœuvrant isolément, lorsqu'on déploie *en avant*, c'est-
à-dire à droite et à gauche, les deux premiers escadrons de la colonne déploient vers la droite de la
ligne, et le dernier vers la gauche. Si la colonne n'a
que deux escadrons, le premier déploie vers la droite,
et le second vers la gauche.

143. Pour déployer en bataille *sur une ligne oblique*,
le commandant du régiment commande :

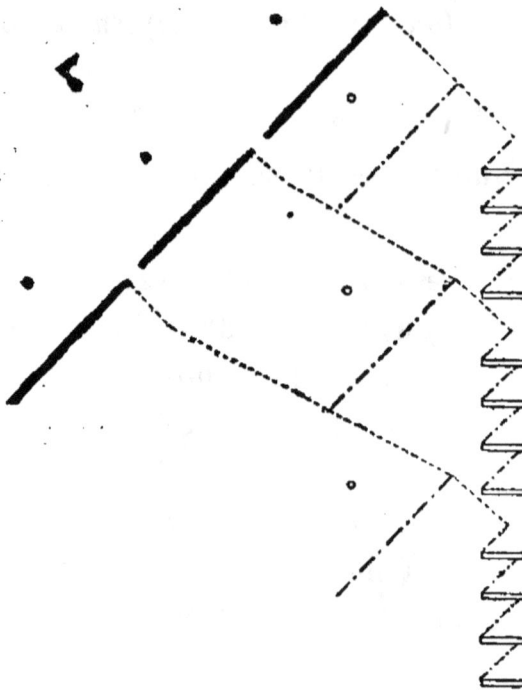

« *Demi à droite (ou demi à gauche) en bataille!* »

« *Au trop (au galop) — marche!* »

ou « *Marche!* »

Chaque escadron, au commandement de son commandant, se déploie dans le demi à droite (ou le demi à gauche), ainsi qu'il est prescrit au n° 51, et se dirige ensuite (excepté celui qui était en tête) vers la place qu'il doit occuper sur la nouvelle ligne de bataille.

Dans ce mouvement, les commandants d'escadron doivent faire en sorte d'exécuter rapidement leur déploiement partiel et d'amener ensuite leur escadron sur la ligne en bon ordre et sans perdre de temps.

144. Pour déployer en bataille sur *un des flancs*, le commandant du régiment commande :

« *A droite (ou à gauche) en bataille!* »

« *Au pas (au trop, au galop) — marche!* »

ou « *Marche!* »

Chaque commandant d'escadron commande la formation en bataille indiquée, et, au commandement : « *En avant!* » du commandant du régiment, fait porter son escadron droit devant lui.

ARTICLE V

FORMATION, MARCHE ET DÉPLOIEMENT DE LA COLONNE DOUBLE

§ 33. FORMER LA COLONNE DOUBLE

145. On forme la colonne double *en avant*, étant en ligne de colonnes, en masse, ou en colonne simple.

FORMER LA COLONNE DOUBLE, ÉTANT EN LIGNE DE COLONNES OU EN MASSE

146. Pour former la colonne double, étant dans l'un de ces deux ordres, le commandant du régiment commande :

« *Colonne double en avant!* »

« *Au pas (au trot, au galop) — marche!* »

ou « *Marche!* »

Les escadrons des ailes intérieures des divisions marchent droit devant eux, à la même hauteur, en se rapprochant à intervalle d'escadron, si l'on était en ligne de colonnes.

Les autres escadrons se dirigent, par la marche de flanc, vers les places qu'ils doivent occuper dans la colonne double.

FORMER LA COLONNE DOUBLE, ÉTANT EN COLONNE SIMPLE

147. Pour former la colonne double, étant en colonne simple, le commandant du régiment commande :

    « *Colonne double! vers la droite (ou vers la gauche) en avant!* »

    « *Au trot (au galop) — marche!* »

ou « *Marche!* »

La première division, au commandement de son commandant, se porte en avant au pas, ou reste au pas si l'on marchait à cette allure, ou passe au pas si l'on marchait à une allure plus vive.

La deuxième division, au commandement de son commandant, se porte à la hauteur de la première et du côté désigné, à l'allure indiquée ou à celle à laquelle on marchait précédemment.

§ 34. MARCHER EN COLONNE DOUBLE

148. Dans les changements de direction, les pelotons conversent à pivot mouvant, par deux de front, comme il est prescrit pour un peloton seul, et en conservant leur intervalle ; la conversion est ordonnée par le chef du peloton le plus rapproché du pivot.

On se conforme d'ailleurs aux principes prescrits pour marcher en colonne simple.

§ 35. Déployer la colonne double

149. La colonne double ne se déploie, en principe, *qu'en avant*, soit en bataille, soit en ligne de colonnes.

S'il était nécessaire de la déployer *sur une ligne oblique*, on ferait exécuter à la tête un demi-changement de direction et l'on commanderait aussitôt le déploiement qui s'exécuterait comme il est prescrit au nº **151**, chaque escadron se dirigeant par le chemin le plus court vers la nouvelle ligne de bataille. Si l'on devait déployer sur un des flancs, la division placée du côté du déploiement exécuterait un à droite (ou un à gauche) en bataille ; l'autre division continuerait de marcher et exécuterait le même mouvement, lorsqu'elle aurait gagné le terrain nécessaire.

DÉPLOYER LA COLONNE DOUBLE EN LIGNE DE COLONNES

150. Pour déployer en ligne de colonnes *en avant*, le commandant du régiment commande :

« *Ligne de colonnes en avant !* »

« *Au trot (au galop) — marche!* »

ou « *Marche!* »

Les deux escadrons de tête prennent l'intervalle prescrit en ligne de colonnes ; les autres escadrons se dirigent vers les places qu'ils doivent occuper, ceux de la première division vers la droite, ceux de la deuxième division vers la gauche.

DÉPLOYER LA COLONNE DOUBLE EN BATAILLE

151. Pour déployer en bataille *en avant*, le commandant du régiment commande :

« *En avant en bataille!* »

« *Au trot (au galop) — marche!* »

ou « *Marche!* »

Le commandant de la première division commande le déploiement *vers la droite,* et celui de la deuxième *vers la gauche.*

152. Dans ces déploiements, on se conforme, pour les allures, à ce qui est prescrit au n° 89. Quant à la direction, il est de règle qu'elle n'incombe qu'après le déploiement terminé à l'escadron qui doit en être chargé en bataille ou en ligne de colonnes, d'après les principes prescrits au n° 87.

ARTICLE VI

CHARGE, RALLIEMENT, PATROUILLES, PASSAGES D'OBSTACLES

§ 36. CHARGE

153. Les principes prescrits pour la charge dans le *Règlement d'instruction*, et au § 12 pour un escadron, sont applicables en général au régiment. Dans les simulacres de charge en ligne, l'ennemi est figuré par un nombre d'escadrons égal à celui de la troupe assaillante ; chaque escadron est représenté par un sous-officier et quatre cavaliers, et le tout est sous les ordres d'un chef.

CHARGE CONTRE LA CAVALERIE

154. Toute troupe de cavalerie, plus forte qu'un escadron, qui s'avance à la charge, doit, *pour protéger ses flancs*, se faire suivre, à 50 ou 80 pas en arrière et sur le côté, de fractions formant échelons par rapport à la ligne ; ces fractions peuvent ainsi s'opposer à toute troupe ennemie qui tenterait de charger le régiment de flanc et même, en manœuvrant à propos, la prendre elle-même de flanc.

Lorsque ces *flancs défensifs* sont composés de deux ou de plusieurs pelotons, on les forme de préférence en colonnes.

En principe, on doit avoir un flanc défensif sur
chaque aile; mais si l'on est couvert d'un côté par
des accidents de terrain, l'aile exposée en est seule
pourvue.

Les flancs défensifs sont toujours formés, à moins
d'ordres contraires, des pelotons des ailes du régiment (ou de la division).

155. Un régiment isolé, et même une division de
trois escadrons, doit toujours former *une réserve sé-*
parée, ainsi qu'il a été prescrit au n° 85. Cette réserve
suit habituellement, pendant la charge, à 200 ou 400
pas en arrière et sur le côté, et marche dans l'ordre
en *colonne.*

Elle peut ainsi, au besoin, concourir au succès de
l'attaque, ou, si l'affaire tourne mal, arrêter l'ennemi
dans la poursuite.

Lorsque la charge est dirigée sur le front de l'ennemi, les conditions du terrain, la manière dont l'adversaire attaque lui-même, etc., décident de l'aile
derrière laquelle la réserve doit être placée ; mais si
l'on charge de flanc, il est de règle qu'elle soutienne
l'aile la plus exposée à une contre-attaque de la réserve ennemie.

156. Lorsqu'un régiment charge avec quatre ou cinq escadrons, il peut être bon, dans certains cas, de désigner une fraction, relativement faible, pour engager le combat afin d'amener l'adversaire à se déployer prématurément dans une fausse direction, ou de l'entraîner à la poursuite, etc.

157. Le commandant du régiment doit donner les instructions nécessaires pour la charge, pendant qu'on se porte en avant ou avant la charge même.

Pour pouvoir les approprier aux circonstances du terrain et du combat, pour saisir le moment et le point favorables, il est souvent nécessaire qu'il se porte de bonne heure en avant de sa troupe.

Dans ce cas il charge un des commandants de division de conduire le régiment.

Pendant la charge même, on ne peut assigner au commandant du régiment aucune place déterminée.

Lorsque, par exemple, les circonstances du combat font que toutes les fractions du régiment ne doivent pas charger sur le même objectif, le commandant indique à chacune d'elles le point à attaquer; mais il n'en suit aucune dans la mêlée, afin de pouvoir prendre des dispositions ultérieures dans le cas où il serait nécessaire de renouveler une semblable attaque partielle.

Lorsque tous les escadrons attaquent simultanément, le commandant du régiment charge devant le centre de l'escadron de direction, à hauteur des chefs de peloton, d'une manière analogue à celle qui **est** prescrite au n° 57 pour le commandant d'escadron.

Les *commandants de division* doivent également mener leurs divisions à la charge, en se plaçant devant le centre de leur troupe, à hauteur des chefs de peloton.

Le *trompette en chef* fait immédiatement les sonneries correspondantes aux commandements : « *Charge !* » « *Marche-marche !* » et « *Ralliement !* » et se conforme du reste à ce qui est prescrit au n° 57 pour le trompette d'escadron.

Toutes les trompettes doivent répéter sur-le-champ les sonneries faites par le trompette en chef.

158. Le régiment marchant en avant pour charger, au commandement « *Marche-marche !* » tous les escadrons se lancent *bien droit* sur l'ennemi et les intervalles se ferment naturellement par l'effet de l'allure.

Si, par suite de la formation des flancs défensifs et de la réserve, il ne reste à l'une des ailes, ou sur les deux, qu'un peloton d'un escadron, ce peloton se réunit à l'escadron voisin, sans garder d'intervalle.

POURSUITE

159. En instruction, la charge étant exécutée, on fait d'abord sonner le *ralliement,* qui se fait suivant les principes prescrits dans le *Règlement d'instruction.*

160. Devant l'ennemi, une charge ne peut avoir de résultats décisifs que lorsqu'elle se complète par la poursuite.

C'est au commandant à bien peser la situation après la charge, à tirer tout le parti possible de la puissance offensive de la cavalerie, et à ne pas se contenter d'un demi-résultat.

Lorsque l'ennemi a été refoulé dans la mêlée ou qu'il a tourné le dos sans l'attendre, mais après le commandement « *Marche-marche !* » il faut le poursuivre jusqu'à ce qu'il ait pris de l'avance et tant que les chevaux sont en forces. Les flancs défensifs et la réserve suivent au contraire en ordre régulier, afin qu'on les ait sous la main si l'ennemi tentait un retour imprévu. Lorsque l'ennemi a gagné l'avance ou qu'il fait avancer des troupes fraîches ou des secondes lignes, on met fin à la poursuite.

Si la cavalerie ennemie tourne le dos avant qu'on n'ait commandé « *Marche-marche !* » il est bon de ne la faire poursuivre que par un escadron, le reste de la ligne suivant au trop, ou au galop même suivant les circonstances, parce que l'ennemi pourrait faire subitement face en tête et se jeter sur la troupe qui se serait lancée imprudemment à sa poursuite.

CHARGE CONTRE L'INFANTERIE OU CONTRE L'ARTILLERIE

161. Lorsqu'on a à charger de l'infanterie ou de

l'artillerie, on désigne habituellement à chaque division ou à chaque escadron un objectif particulier.

La charge s'exécute suivant les principes prescrits aux n⁰ˢ 62 et 64.

§ 37. RALLIEMENT

162. Le ralliement d'un régiment s'exécute suivant les mêmes principes que celui d'un escadron (§ 13).

§ 38. PATROUILLES

163. Un régiment doit se couvrir, à portée de l'ennemi, en avant, sur ses flancs et sur ses derrières, au moyen de patrouilles, suivant les principes prescrits dans le *Règlement d'instruction*. Mais on n'y emploie jamais plus d'un demi-escadron, même dans les conditions les plus défavorables.

§ 39. PASSAGES D'OBSTACLES

164. Les principes prescrits pour passer les obstacles, dans les exercices d'un escadron, sont applicables au régiment. Lorsqu'on marche au galop, la fraction de tête doit, après chaque obstacle, ralentir l'allure jusqu'à ce que la queue ait serré.

CHAPITRE III

COMPOSITION, CONDUITE ET EMPLOI DE CORPS DE CAVA-
LERIE PLUS CONSIDÉRABLES QU'UN RÉGIMENT

---

§ 40. COMPOSITION

165. Deux ou trois régiments de cavalerie, réunis
sous les ordres d'un général, forment une *brigade de
cavalerie*, à laquelle on peut attacher, au point de vue
tactique, une *batterie d'artillerie*.

La brigade peut faire partie d'un corps de cavalerie plus considérable ou former une réserve atta-
chée à l'infanterie ; elle est le plus souvent appelée à
agir d'une manière indépendante.

166. La réunion de plusieurs brigades de cavalerie
sous un seul commandement constitue des *divisions
de cavalerie* et des *corps de cavalerie*.

§ 41. ORGANISATION TACTIQUE ET DÉNOMINATIONS

167. Dans la brigade, les régiments sont désignés
suivant les mêmes principes que les escadrons dans
le régiment, c'est-à-dire suivant la place qu'ils occu-

pent accidentellemen!. La brigade étant en bataille
ou en ligne de colonnes, par exemple, le *premier régiment* sera donc celui qui se trouve à la droite, le *second*, celui qui se trouve à sa gauche, etc.

Si les régiments, au lieu d'être l'un à côté de
l'autre, sont l'un derrière l'autre, le *premier* sera
celui qui se trouve en tête, le *second*, celui qui vient
après, etc....

168. Lorsque le *brigadier* veut désigner une division ou un escadron en particulier, il l'appelle par son
numéro et par celui du régiment.

169. Le *brigadier* indique aux régiments les places
qu'ils doivent occuper dans la réunion de la brigade.

Lorsqu'un régiment se trouve momentanément
scindé par suite de *dispositions* urgentes et imprévues,
on doit le reconstituer aussitôt que possible, chaque
régiment devant former un tout distinct et homogène.

Dans les divisions et dans les corps de cavalerie,
les différentes brigades forment autant d'unités tactiques qu'on désigne par le nom des généraux qui les
commandent.

§ 42. DISPOSITIONS, AVIS ET SONNERIES

170. Les mouvements et l'emploi d'un corps tactique, composé de plusieurs régiments, doivent toujours résulter d'une *idée directrice*, que cette idée

soit basée sur la réalité des faits ou, comme dans les exercices de paix, sur une simple hypothèse. Cette idée directrice doit être communiquée, par le·commandant en chef, à tous les commandants d'unités indépendantes, au moyen d'une *disposition générale.* La disposition peut comprendre les mouvements à exécuter, ou les motiver seulement, lorsque le commandant se réserve de donner des ordres ultérieurs à ce sujet.

Ces ordres se donnent :

1° Au moyen de brèves *formules d'exécution (avis),* tirées des commandements prescrits pour les manœuvres de régiment, et que le brigadier adresse directement aux différents commandants, lorsqu'il est près d'eux, ou qu'il leur fait transmettre par ses officiers d'ordonnance ;

2° Au moyen des *sonneries de trompette,* prescrites par le *Règlement d'instruction.* Toute sonnerie émanant du *brigadier* est précédée du signal : « *Attention !* »

171. A la réception de l'avis, ou à la sonnerie, chaque commandant fait exécuter immédiatement le mouvement correspondant, à moins que le *brigadier* n'ait fait transmettre, en même temps que l'avis, l'ordre d'attendre qu'il fasse sonner « l'*exécution* ».

Chaque régiment détache un officier d'ordonnance, et la batterie un sous-officier, auprès du brigadier, pour la transmission des avis ; il a un trompette avec lui, pour les sonneries.

172. Les corps de cavalerie plus considérables qu'une brigade se dirigent au moyen d'ordres adressés aux différentes brigades, ou de *dispositions.*

Les commandants de ces corps doivent donc avoir auprès d'eux un nombre suffisant d'organes, parmi lesquels un officier supérieur d'artillerie qui se tient toujours à leur disposition pour prendre au besoin la direction de cette arme, si l'on venait à réunir plusieurs batteries de brigade ou à les faire renforcer par des batteries d'autre part, pour appuyer une grande opération.

§ 43. FORMATIONS ET MOUVEMENTS

173. La brigade étant l'unité tactique dans les grands corps de cavalerie, il ne sera question que des formations qui la concernent.

Dans une brigade de deux régiments, un des régiments forme *le gros*, lequel ne peut jamais être divisé, et doit, en principe, charger en ligne avec tous ses escadrons. Le gros peut être renforcé par un ou deux escadrons de l'autre régiment, et le tout est commandé par le commandant de régiment, suivant les principes prescrits pour un régiment seul.

Dans une brigade de trois régiments, deux régiments forment le gros, le troisième est employé à la réserve, à l'avant-garde ou aux deux en même temps.

174. Le gros lui-même peut se mouvoir de différentes manières, suivant le besoin. En principe, il marche *réuni en corps,* et exceptionnellement par *groupes (ou par régiments).*

Le *brigadier* peut, tout en conservant toute latitude pour la *disposition,* employer pour la brigade entière ou pour les régiments séparément les formations et les mouvements indiqués pour un régiment seul.

175. Lorsque le gros marche *réuni,* les deux régiments se trouvent dans les mêmes conditions que les deux divisions d'un régiment dans les manœuvres de régiment, et exécutent leurs mouvements en se conformant aux mêmes principes.

Dans ce cas, le *brigadier* fait toujours précéder du mot « *brigade* » tout avis qui s'applique également aux deux régiments, et chaque commandant fait exécuter le mouvement selon la place qu'il occupe et celle qu'il doit prendre dans la brigade.

Par exemple, la brigade étant en colonne double :

1° Si l'on veut la déployer *en avant en ligne de colonnes par brigade,* le brigadier donne, pour les deux régiments, l'avis :

    « *Brigade ! ligne de colonnes en avant !* »

Les commandants de régiment font alors déployer

en avant en bataille, celui de droite vers la droite, celui de gauche vers la gauche.'

2° Si l'on veut la déployer *sur une ligne oblique*, le brigadier donne, pour les deux régiments, l'avis, :

« *Brigade ! demi à gauche en bataille !* »

Le commandant du deuxième régiment se déploie obliquement à gauche et continue de marcher au pas. Celui du premier régiment fait exécuter à la tête un demi-changement de direction à droite, et, lorsqu'il est sorti de la colonne de la longueur nécessaire, il commande l'*à gauche en bataille.*

176. Pour diriger une brigade entière, on se conforme aux principes prescrits pour un régiment, ainsi qu'aux observations suivantes.

Dans toutes les formations, l'intervalle d'un régiment à l'autre est de 20 pas ; c'est ce qu'on nomme : *intervalle de régiment.*

Pour se porter en avant à une grande distance, le brigadier ne peut que faire connaître la direction ; il désigne à cet effet le régiment seulement, ou spécialement la division ou l'escadron qui doit en être chargé.

Les mouvements de flanc d'une brigade peuvent s'exécuter de différentes manières.

Pour une marche de flanc de peu de durée, il suffit de la sonnerie : « *Attention ! à droite (ou à gauche) !* » Tous les pelotons exécutent alors un à droite (ou un

à gauche) par quatre et reprennent la marche directe,
à la sonnerie : « *Attention! en avant!* » Si la marche
de flanc doit se prolonger à une certaine distance, le
brigadier donne l'avis : « *Brigade! marche de flanc à
droite (ou à gauche!)* » Tous les pelotons exécutent
alors une conversion du côté indiqué ; ils reprennent
la marche directe et la formation primitive, à la sonnerie : « *Attention! — en bataille (emboîtement)!* »

Du reste, la colonne simple ayant une grande longueur, on emploie de préférence la colonne double.
Les grandes réserves de cavalerie se meuvent aussi le
plus souvent en colonne double ou en masse. Lorsque
le corps est considérable, on peut former la masse en
plaçant les masses de régiment les unes à côté des
autres ou les unes derrière les autres, ou en rapprochant les colonnes doubles de régiment.

177. Lorsque chaque régiment doit prendre une
formation pour son compte, le brigadier fait précéder
son avis du mot : « *régiment* », ou envoie aux régiments des avis distincts et différents.

Chaque commandant de régiment fait exécuter
alors le mouvement ordonné, sans s'occuper de
l'autre régiment.

Par exemple, la brigade étant en colonne double,
si l'on veut *déployer le second régiment en ligne de colonnes* et former *le premier régiment en flanc offensif*,
les deux régiments devant être employés séparément, le brigadier envoie au second l'avis : « *Régi-*

ment! ligne de colonnes vers la gauche en avant! » et au premier : « *Flanc offensif!* »

Il en est de même lorsqu'on veut porter successivement les régiments ou les brigades en avant *par échelons;* le commandant fixe alors la distance qu'ils doivent observer entre eux. Le brigadier donne, à cet effet, l'avis : « *Echelons! tel régiment!* » Le régiment désigné se porte en avant dans l'ordre où il se trouve, le commandant de l'autre régiment le fait suivre en arrière et latéralement, à la distance prescrite pour chaque cas particulier.

On peut aussi, en se portant en avant pour charger, disposer en échelons les divisions ou les escadrons des ailes. Le brigadier donne alors l'avis :

> « *Tel escadron (ou telle division) de tel régiment, en échelon derrière l'aile droite (ou gauche)!* »

La distance à laquelle la fraction désignée doit suivre l'aile derrière laquelle elle est placée dépend chaque fois des circonstances.

§ 44. Devoirs des commandants de régiment

178. Promptitude dans la conception, comme dans l'exécution, telle est la condition la plus essentielle dans les manœuvres de grands corps de cavalerie.

Pour la remplir, les commandants de régiment

doivent, non-seulement se faire rapidement une idée exacte du mouvement ordonné, mais encore le faire exécuter par le chemin le plus court et de la manière la plus simple.

Sans se préoccuper des détails d'exécution, ils doivent se placer de manière à pouvoir recevoir facilement les ordres du brigadier et faire à leur régiment les commandements nécessaires.

179. Lorsque le brigadier est forcé de s'éloigner beaucoup du gros de la brigade, par exemple pour se porter à hauteur des fractions en éclaireurs, afin de reconnaître par lui-même l'ennemi ou le terrain, le plus ancien commandant de régiment du gros en prend le commandement et laisse au plus ancien commandant de division celui de son régiment.

§ 45. Réserves

180. On a déjà fait sentir la nécessité de former une réserve séparée, même pour les troupes de cavalerie moins considérables.

Dans une brigade isolée, la réserve sera formée d'un régiment entier ou de la plus grande partie d'un régiment, et on n'emploiera au service de sûreté que l'effectif strictement nécessaire ; dans les divisions et dans les corps de cavalerie, on emploie en réserve des brigades entières.

181. Un point qui exige toute la sollicitude du commandant, c'est d'assigner à la réserve une place en rapport avec ses propres desseins ou bien où elle soit le mieux à portée de déjouer ceux de l'adversaire. Quant à la distance à conserver entre la réserve et les premières lignes, elle doit être telle que cette troupe ne courre pas le risque d'être entraînée dans les événements qui se passent en avant d'elle, et que, en même temps, on l'ait suffisamment sous la main.

182. En principe, le meilleur moyen de satisfaire à ces conditions, c'est de placer la réserve en échelon derrière une des ailes de la ligne de bataille ou de la ligne de colonnes du gros. Ce qui a été dit au sujet de l'indépendance du commandant de la réserve, à propos d'un régiment, s'applique à plus forte raison aux grands corps de cavalerie, parce que, plus la réserve est forte, plus son intervention acquiert d'importance et d'efficacité.

§ 46. Emploi de l'artillerie attachée a la cavalerie

1° dans la brigade

183. Le brigadier fait placer la batterie suivant les éventualités et ses projets.

On se basera, à cet effet, sur les principes suivants :

L'artillerie peut, il est vrai, par un feu opportun et bien nourri, ébranler la troupe qu'on veut attaquer et, par conséquent, préparer efficacement la charge, ou même troubler l'ennemi dans son déploiement ; mais il ne faut pas sacrifier à cette action l'avantage principal de la cavalerie, qui est *la surprise,* ni se laisser jamais arrêter dans ses mouvements par considération pour la batterie.

L'artillerie doit donc, sans rester liée à la troupe, être placée, même dans les marches, et surtout pendant qu'on se porte à l'ennemi, de telle sorte qu'on puisse la faire arriver en temps utile sur les points (souvent éloignés en avant ou sur les flancs) d'où elle sera à même de canonner l'adversaire à la plus grande distance possible, sans gêner le déploiement de la cavalerie, ni être gênée elle-même par les mouvements de cette arme.

Elle doit faire en sorte de gagner ces points le plus rapidement possible, de toute la vitesse de ses chevaux, et d'ouvrir immédiatement le feu. A cet effet, elle profitera des terrains fermes et des chemins à travers champs, évitant, autant qu'elle le pourra, les terrains profonds ou entrecoupés, qui entravent beaucoup sa marche.

Enfin elle ne doit agir, en principe, ni par fractions, ni en avant du front de la troupe.

184. Il résulte de ce qu'on vient de dire que la con-

duite des batteries de brigade, attachées à la cavalerie, exige autant d'initiative que de coup d'œil et de
promptitude, et qu'il ne faut pas craindre souvent de
les exposer momentanément.

Pour cela, il est nécessaire, non-seulement que le
commandant de batterie soit complétement au cou-
rant des opérations projetées par le brigadier, mais
encore qu'il soit directement sous la main de cet officier général lorsque celui-ci va reconnaître le terrain
dans le but d'étudier la manière d'utiliser ses troupes,
la situation de l'ennemi, etc., afin qu'ils arrêtent de
concert les points élevés et situés sur le flanc de la
future ligne de bataille, sur lesquels la batterie devra
s'établir.

185. Pour protéger la batterie contre les attaques
de l'ennemi, on lui attache une troupe de soutien,
forte d'un demi-escadron au moins et qui éclaire le
terrain autour d'elle.

Les principes qu'on vient d'exposer s'appliquent
aussi au cas où l'on attacherait de l'artillerie à des
régiments ou même à des divisions (2 escadrons) de
cavalerie légère, chargés d'opérer isolément.

2° DANS LES CORPS DE CAVALERIE PLUS CONSIDÉRABLES
QUE LA BRIGADE.

186. Lorsqu'on forme des corps considérables de

cavalerie, on peut réunir temporairement les batteries des brigades ou, lorsqu'ils sont chargés d'opérations tout à fait indépendantes, leur attribuer une plus forte proportion d'artillerie.

Cette masse d'artillerie servira à **préparer** une grande charge, à l'appuyer le plus possible et, si les batteries sont établies en lieu sûr, à offrir un point de ralliement à la cavalerie, en cas d'insuccès.

Elle peut être appelée encore à détourner de la cavalerie l'attention de l'adversaire en se déployant à propos et tout à coup, et à attirer sur elle-même le feu de l'artillerie ennemie ; mais elle doit moins s'occuper de lui répondre que de canonner, le plus efficacement possible, la troupe qu'on veut charger.

187. Les grandes attaques de cavalerie et d'artillerie vont généralement de pair. Pour qu'elles puissent atteindre leur but commun, qui est la destruction de l'adversaire ou la solution d'un combat incertain, il faut, comme on l'a déjà fait observer, que le commandant de l'artillerie connaisse exactement la mission de la cavalerie, soit qu'il se renseigne auprès du commandant de cette arme, soit que des ordres supérieurs leur tracent à tous deux leur mode d'action.

Il est inutile de dire que tout corps de cavalerie doit donner à son artillerie une troupe de soutien suffisante ; la force de cette troupe dépendra d'ailleurs des circonstances.

§ 47. Conclusion

188. Toutes les prescriptions relatives à la conduite et aux mouvements de la cavalerie ont pour but final de simplifier le mécanisme de manière à satisfaire aux conditions essentielles de cette arme, qui sont : *rapidité dans l'apparition, audace dans l'attaque.*

189. La cavalerie étant exclusivement une arme d'*offensive*, il n'y a pour elle que *trois moments :* celui de l'*attente*, celui de l'*approche* et celui de la *décision.*

Pendant le *premier moment*, elle attend, en s'abritant autant que possible, l'instant favorable pour son emploi. Mais le chef de la cavalerie doit néanmoins observer personnellement la marche générale du combat et faire reconnaître l'ennemi et le terrain par des patrouilles, afin d'être prêt à tout événement.

Le *second moment* exige du chef le talent de savoir profiter du terrain et du temps pour amener sa troupe, par le chemin le plus court, le mieux approprié et le plus caché à l'ennemi, sur le point d'où elle pourra passer à l'action ; ce n'est qu'alors que son rôle commence sérieusement, et c'est à lui d'arriver avec des hommes et des chevaux qui soient en état d'y répondre.

Le *troisième moment* embrasse la décision, l'exécution et enfin l'exploitation du succès (la poursuite), ou la défense opiniâtre; tout cela, dans un intervalle de temps si court que l'appréciation de l'ennemi, l'initiative et les mesures ultérieures doivent se succéder coup sur coup et presque instantanément.

190. Mais ce n'est que par l'emploi de toutes ses forces réunies qu'on peut obtenir le succès. Il faut, il est vrai, occuper l'adversaire, l'arrêter, le tromper avec de petites fractions; mais tout le poids de la charge réelle, toute la concentration des forces disponibles, doivent porter sur un seul point de la ligne ennemie.

Si ce point est le plus faible, c'est-à dire si l'on peut gagner le flanc de l'adversaire, ce n'en sera que mieux encore; sinon il faut réunir toutes ses forces et toute sa vigueur pour enfoncer la position.

191. Plus que tout autre, le général de la cavalerie a besoin de la plus haute indépendance pour pouvoir apprécier et utiliser le moment favorable; ce moment ne se présente souvent qu'une fois dans le cours d'un combat, et, si on le laisse échapper, il est perdu sans remède. Une fois dirigé sur le point convenable, le chef de la cavalerie ne doit plus attendre d'ordres; c'est à lui d'agir, sans s'effrayer de sa responsabilité, dans l'intérêt général et dans celui de la gloire de ses

troupes. Ce n'est qu'ainsi que la cavalerie peut produire l'effet décisif et foudroyant qu'on attend d'elle.

192. Les commandants des grands corps de **cavalerie** ne répondront à l'esprit de ces observations et à celui du règlement tout entier qu'autant qu'ils éviteront, dans les exercices de la paix, toute *forme artistique,* et qu'ils baseront les mouvements à exécuter sur une idée *possible* et *pratique ;* ils trouveront un excellent moyen de manœuvre, en faisant figurer un adversaire dirigé par des officiers intelligents. Ils devront enfin, dans les manœuvres combinées avec l'infanterie, se conformer aux règles posées par le règlement qui lui est relatif, afin d'établir l'action réciproque des trois armes, si nécessaire dans le combat.

CHAPITRE IV

DES PARADES (REVUES)

ARTICLE PREMIER

RÉCEPTION D'UN SUPÉRIEUR (1)

§ 48. PAR UN ESCADRON

193. Pour recevoir un supérieur, un escadron seul se forme habituellement en bataille.

194. Le commandant de l'escadron se place, s'il a l'espace nécessaire, à un demi-front d'escadron en avant du centre ou, si l'escadron est en colonne, à quinze pas en avant de la fraction de tête, lui faisant face.

Lorsque le supérieur arrive à cent pas environ de l'une des ailes, le commandant fait mettre le sabre à la main, ou porter la lance, et se conforme à ce qui est prescrit pour le commandant de peloton, dans le *Règlement d'instruction* (2), avec cette différence que,

------

(1) On entend par là les prescriptions à observer quand une troupe est passée en revue par un supérieur.

(2) Lorsque le supérieur arrive à 30 pas de l'aile, le commandant fait tourner la tête de ce côté par le commandement :

après avoir rendu compte, il remet au supérieur la
situation, si celui-ci la lui demande.

'195. Lorsque l'escadron, sans faire partie d'une
division ou d'un régiment, est attaché à un corps de
troupes, pour la revue, le commandant se borne à
accompagner le supérieur pendant qu'il passe devant
sa troupe, sans lui rendre compte.

196. Le trompette de l'escadron se place à côté du
gradé du deuxième rang, à l'aile par laquelle arrive
le supérieur, et sonne le *coup de langue d'avertissement* dès qu'il l'aperçoit.

Devant l'empereur, les feld-maréchaux, le ministre
de la guerre et l'inspecteur général de cavalerie en
tout temps, devant le commandant d'armée dans
l'étendue de son armée, devant le général commandant dans son généralat, devant le commandant de
corps d'armée dans l'étendue de son corps d'armée et
lorsque le général commandant ou le commandant
d'armée ne se trouvent pas dans l'endroit, le trom-

« *Regardez à droite (ou à gauche)!* » Il se porte alors au-
devant du supérieur, le salue du sabre, s'arrête à 3 pas de lui,
lui rend compte du nombre d'hommes présents et l'accompagne
dans son inspection. Les hommes regardent le supérieur dans les
yeux et le suivent en tournant la tête à mesure qu'il passe. Après
l'inspection, le commandant fait replacer la tête directe, par le
commandement « *attention!* » Si le supérieur lui ordonne de
faire exécuter un mouvement, il fait remettre le sabre. Lorsqu'on
fait ouvrir les rangs, le deuxième rang recule de deux longueurs
de cheval (6 pas).

pette commence à sonner la *marche* dès que la troupe a mis le sabre à la main et tourné la tête, et continue tant que le supérieur est devant le front de l'escadron. Il en est de même pour l'inspection du deuxième rang. Si le supérieur ordonne un mouvement, le trompette se porte auprès de son commandant d'escadron.

197. Pour les honneurs à rendre au *saint Sacrement,* on se conforme à ce qui est prescrit dans le *Réglement d'instruction* (1).

198. Lorsque le commandant de la division et celui du régiment sont présents, ils se placent à *l'aile de réception,* à quatre pas du gradé du premier rang, le commandant du régiment en dehors de celui de la division ; l'adjudant à distance de rang derrière le commandant du régiment ; ils saluent le supérieur et l'accompagnent, au moment où il les dépasse.

199. Les mêmes principes s'appliquent à trois ou à deux pelotons.

§ 49. PAR UN RÉGIMENT

200. Pour recevoir un supérieur, le **régiment** est formé *en bataille* ou *en masse.*

(1) Lorsque la troupe est à pied, elle met le genou à terre et ôte la coiffure ; lorsqu'elle est à cheval, les officiers et sous-officiers saluent du sabre ; on se conforme à ce qui est prescrit pour la réception d'un supérieur.

5.

201. Le commandant du régiment se place à l'*aile de réception*, à deux pas en avant du chef de peloton de cette aile ; lorsque le supérieur arrive à cent pas environ, il fait signe au commandant de l'escadron de faire mettre le sabre à la main ou porter la lance, et se conforme, du reste, à ce qui est prescrit pour le commandant d'un escadron.

202. Les commandants de division se placent, lorsqu'ils ont l'espace nécessaire, à soixante pas en avant du centre de leurs divisions et saluent sans quitter leurs places.

203. Le commandant de l'escadron de l'aile, au signe qui lui est fait par le commandant du régiment, fait mettre le sabre à la main ou porter la lance, et tourner la tête ; il salue ensuite sans quitter sa place.

Les commandants des autres escadrons font successivement les mêmes commandements, à mesure que le supérieur arrive à cinquante pas de l'aile de leurs escadrons.

204. Lorsque le second rang doit être inspecté, le commandant du régiment en avertit le commandant de l'escadron par lequel on commence ; les autres font successivement ouvrir les rangs, à mesure qu'on arrive à eux.

205. L'adjudant se place à l'*aile de réception*, à un pas du gradé du premier rang, remet la *situation* à l'*adjudant* du supérieur au moment où il passe devant lui et accompagne ensuite le commandant du régiment en restant en arrière de lui et sur le côté.

206. Les officiers supérieurs ou autres, en excédant, se placent par rang de grade, sur un ou deux rangs, à l'*aile opposée à la réception*, de manière que le plus élevé en grade se trouve à un pas du gradé du premier rang ; ils saluent et restent à leurs places pendant l'inspection.

207. Les trompettes des escadrons se placent ainsi qu'il est prescrit au n° 200.

Chaque trompette de division se place à côté et en dehors du trompette d'escadron, à l'*aile de réception* de la division.

Le trompette de régiment se place à l'*aile de réception* du régiment, en dehors du trompette de division ; il sonne l'avertissement et la marche, et se porte, pendant l'inspection, à proximité du commandant du régiment.

Le trompette de division et le trompette de l'escadron placés à l'aile de réception commencent à sonner la marche en même temps que le trompette de régiment, et cessent lorsque le supérieur a dépassé le front de l'escadron. Les autres trompettes ne commencent à sonner la marche que lorsque leurs commandants d'escadrons font tourner la tête.

208. Si le supérieur ordonne un mouvement, les

trompettes d'escadron et de division se portent auprès de leurs commandants.

209. Lorsque le *propriétaire* du régiment est présent, il se place à deux pas en avant du commandant et se conforme à ce qui est prescrit pour ce dernier.

Pendant la revue, le commandant du régiment reste à côté du *propriétaire*.

210. Lorsque le *brigadier* est présent, il se conforme à ce qui est prescrit pour le colonel, et l'*adjudant de brigade* à ce qui est prescrit pour l'adjudant de régiment, au n° 198.

211. Dans une division isolée, le commandant de division se conforme à ce qui est prescrit pour le commandant de régiment, et le trompette de division à ce qui est prescrit pour le trompette d'escadron.

On se conforme d'ailleurs à ce qui a été dit pour un régiment.

Si le commandant de division est absent, il est remplacé par le capitaine le plus ancien de la division.

Lorsque le commandant du régiment est présent, il se conforme à ce qui est prescrit au n° 198.

§ 50. Par une brigade

212. Pour recevoir un supérieur, la brigade est

formée *en bataille* ou *en masse*, sur une ou sur deux lignes.

La batterie se place habituellement derrière le centre de la deuxième ligne.

La distance à observer entre les lignes varie suivant les circonstances ; elle est fixée dans chaque cas particulier.

213. Le brigadier se place à l'*aile de réception*, à deux pas en avant du commandant ou du *propriétaire* du régiment, et se conforme à ce qui est prescrit, n° 201, pour le commandant de régiment.

214. Chaque commandant de régiment reste à sa place, salue, et, lorsque le supérieur l'a dépassé, l'accompagne pendant l'inspection du régiment, en restant à côté et en arrière du brigadier.

215. Les *officiers d'ordonnance* du brigadier se placent à l'aile de réception, à côté de l'adjudant de régiment, et à côté d'eux l'*officier d'état-major* de la brigade.

Tous se conforment à ce qui est prescrit pour l'adjudant de régiment, mais l'officier d'état-major de la brigade remet seul la *situation*.

216. Le *corniste*, qui doit sonner l'*avertissement*, et le sous-officier détaché par la batterie auprès du brigadier, se placent à distance de rang derrière l'officier d'état-major et les officiers d'ordonnance. Tous

deux suivent de près le brigadier pendant l'inspection. Les trompettes de régiment restent à leurs places.

§ 54. PAR PLUSIEURS BRIGADES

217. Lorsque plusieurs brigades sont réunies, elles se placent les unes à côté des autres dans l'ordre que le terrain permet ; toutes les batteries sont ensemble.

218. Le *divisionnaire* se place à l'aile de réception, à deux pas en avant du brigadier, et le *commandant de corps d'armée* à deux pas en avant du divisionnaire.

Le commandant des troupes réunies se porte seul au-devant de la personne qui passe la revue et lui rend compte ; son chef d'état-major remet seul la situation au chef d'état-major ou à l'*adjudant* de cette personne.

219. Les *suites* des généraux revêtus d'un commandement plus élevé que celui d'une brigade se placent aux ailes extérieures, dans l'ordre de leurs grades, à partir de ces ailes : les généraux et les officiers supérieurs au premier rang, les autres officiers au deuxième, et les ordonnances montées au troisième. Ces suites accompagnent leurs chefs pendant tout le temps que ceux-ci accompagnent eux-mêmes la personne qui passe la revue.

ARTICLE II

DÉFILER PAR FRACTIONS SUCCESSIVES

§ 52. Défiler d'un escadron

220. Pour défiler par fractions successives, le commandant de l'escadron fait former la colonne, commande ensuite : « *Pour défiler à droite (ou à gauche)* », se porte à deux pas en avant du chef du peloton de tête et porte la colonne en avant, si elle est de pied ferme. Lorsqu'il est près d'arriver à hauteur de la personne devant laquelle on défile, il commande : « *Regardez à droite (ou à gauche)!* » et salue du sabre. Après avoir dépassé cette personne de dix pas environ, il quitte sa place et vient se placer un peu en arrière d'elle et sur son flanc du côté opposé à celui par lequel la troupe arrive.

Les chefs de pelotons doivent, en défilant, rester exactement en file ; ils ne tournent la tête du côté du supérieur (devant lequel on défile) qu'à trois pas avant d'arriver à sa hauteur, et replacent la tête directe dès qu'ils l'ont dépassé.

221. Le trompette d'escadron, au commandement : « *pour défiler* », va se placer auprès du gradé du deuxième rang du peloton de tête, du côté opposé au défiler, et sonne la marche pendant qu'on défile. Il ne la sonne pas lorsqu'on défile avec le sabre au fourreau ou la lance au repos.

Lorsque le dernier peloton a dépassé le *supérieur*, le trompette rejoint son commandant d'escadron.

222. Le défiler terminé, le commandant d'escadron commande : « *Attention !* »

223. On se conforme aux principes lorsqu'un escadron défile avec un corps de troupe plus considérable sans faire partie d'une division, ni d'un régiment.

224. Lorsque le commandant du régiment et celui de la division sont présents, ils se placent avant le commencement du défiler, sur le flanc du supérieur, le commandant de division en dehors, de même côté que le commandant de l'escadron, et assez en arrière pour qu'il puisse venir se placer devant eux, si le supérieur l'appelle.

§ 53. Défiler d'un régiment

225. Le commandant du régiment fait former la colonne et commande ensuite : « *Pour défiler à droite (ou à gauche) !* » Les commandants d'escadron répètent tous ce commandement et se portent aux places qui leur sont assignées, n° 220.

Les commandants de division se placent à deux pas en avant des commandants des escadrons de tête de chaque division.

Le commandant du régiment, à deux pas en avant du commandant de la division de tête. Il se conforme d'ailleurs à ce qui est prescrit, n° 220, pour le commandant d'escadron, excepté qu'il ne fait pas de commandement pour tourner la tête.

Chaque commandant d'escadron, lorsque son escadron est près d'arriver à hauteur de la personne devant laquelle on défile, commande : « *Regardez à droite (ou à gauche)!* »

Les commandants de division et d'escadron saluent en défilant, sans quitter leurs places : ceux de la division et de l'escadron de tête, en même temps que le commandant du régiment ; le commandant de l'escadron de tête de la seconde division, en même temps que son commandant de division.

226. L'*adjudant* de régiment se place, à l'aile du premier rang de la fraction de tête, du côté opposé au défiler ; et dès qu'il a dépassé de dix pas la personne devant laquelle on défile, il se porte auprès du commandant du régiment, en arrière et sur son flanc.

227. Les officiers supérieurs ou autres, en excédant, se placent, par rang de grade, à côté de l'adjudant de régiment, au premier rang de la fraction de tête, et continuent de marcher avec cette fraction.

228. Les trompettes d'escadron se conforment à ce qui est prescrit n° 221.

Chaque trompette de division défile à côté du trompette de l'escadron de tête de sa division; le trompette de régiment à côté du trompette de la division de tête. Tous se conforment à ce qui est prescrit n° 221; et, dès que les fractions avec lesquelles ils marchent ont dépassé la personne à qui l'on rend les honneurs, ils se portent auprès de leurs commandants.

229. Le *propriétaire* du régiment se conforme à ce qui est prescrit pour le commandant, et défile à 2 pas en avant.

230. Lorsque le *brigadier* est présent, il exécute ce qui est prescrit par le colonel, n° 224.

231. Les mêmes principes sont applicables à une division isolée, son commandant se conformant à ce qui est prescrit pour celui d'un régiment.

§ 54. Défiler d'une brigade

232. Le *brigadier* fait former la colonne, donne l'avis du défiler et se porte à deux pas en avant du commandant du régiment de tête. Les régiments se portent en avant au signal qu'il donne en élevant le sabre.

Il se conforme d'ailleurs à ce qui est prescrit pour le commandant de régiment, n° 225.

233. La batterie défile à la queue de la brigade.

234. Tous les commandants se conforment à ce qui est prescrit pour le défiler d'un régiment; ceux qui doivent accompagner le supérieur pendant son inspection restent auprès de lui pendant le défiler.

Les commandants qui se suivent immédiatement saluent en même temps.

235. L'officier d'état-major et les officiers d'ordonnance se placent, dans l'ordre prescrit pour l'inspection, auprès de l'adjudant de régiment, qui se trouve à la fraction de tête. Tous saluent en passant. Après avoir dépassé la personne devant laquelle on défile, l'officier d'état-major rejoint son chef ; les officiers d'ordonnance continuent de marcher avec la fraction de tête.

236. Le *corniste* et les ordonnances défilent, à distance de rang, derrière l'officier d'état-major et les officiers d'ordonnance.

Après avoir dépassé la personne devant laquelle on défile, le corniste va se placer derrière le brigadier et sur son flanc, non loin de lui ; les ordonnances continuent de marcher avec la fraction de tête.

§ 55. DÉFILER DE PLUSIEURS BRIGADES

237. Le *divisionnaire* défile à deux pas en avant du brigadier qui est en tête et se conforme à ce qui est prescrit pour ce dernier, n° 232.

238. Les officiers d'état-major et les officiers d'or-

donnance défilent en tête, à côté et en dehors des officiers d'ordonnance de la brigade.

Le chef d'état-major, après avoir dépassé la personne à laquelle on rend les honneurs, va se placer auprès du divisionnaire. Tous les autres officiers continuent de marcher avec la fraction de tête.

239. Le *corniste* et les ordonnances du divisionnaire défilent, à distance de rang, derrière les officiers d'état-major.

Après avoir dépassé la personne devant laquelle on défile, le corniste va se placer derrière le divisionnaire et sur son flanc, non loin de lui ; les ordonnances continuent de marcher avec la fraction de tête.

Les officiers d'état-major, les officiers d'ordonnance, les cornistes et les ordonnances des brigadiers défilent avec leurs brigades, comme il a été prescrit pour une brigade seule.

240. Le *commandant de corps* défile à neuf pas en avant du général qui est en tête. Sa suite défile, à trois pas en arrière de lui et sur son flanc, du côté opposé à la personne à laquelle on rend les honneurs, et dans l'ordre indiqué pour les revues ; elle se forme ensuite auprès de lui.

ARTICLE III

SALVES D'HONNEUR

§ 56

241. Il n'est tiré de salves d'honneur que pour les enterrements ; la troupe est toujours à pied et ne peut excéder la force d'un escadron.

On se conforme à ce qui est prescrit dans le *Règlement d'instruction* (1).

---

(1) Une troupe compacte ne fait jamais feu qu'à pied et dans le cas seulement où l'on doit tirer une salve d'honneur pour un enterrement. Au commandement « *chargez!* » le deuxième rang fait un pas en avant et à droite. On commande ensuite : « *Salve d'honneur! — Apprêtez! — En joue en haut! — Feu!* ». Les cavaliers tirent en l'air.

CHAPITRE V

DU COMBAT A PIED

---

§ 57. Principes généraux

242. La cavalerie n'est employée à combattre à pied que par exception, et dans le cas seulement où, n'ayant pas d'infanterie sous la main, on ne peut atteindre que par l'arme à feu le but qu'on se propose.

La nécessité s'en présentera, par exemple, lorsqu'il s'agira d'occuper, avant l'adversaire, un point important et éloigné, et de s'y maintenir jusqu'à l'arrivée de l'infanterie, ou bien lorsqu'on voudra couvrir la retraite des troupes à pied en passant d'un terrain couvert et coupé dans un terrain complétement libre et découvert, etc.

Dans les opérations indépendantes, le combat à pied permet à la cavalerie de faire, sans le secours de l'infanterie, des pointes hardies sur les flancs et sur les derrières de l'adversaire pour détruire ses communications, ses dépôts, etc.; de couvrir sa propre artillerie, en occupant les points d'où l'on pourrait

menacer son flanc et ses derrières ; d'exécuter des
reconnaissances difficiles, des fourrages, etc.

Il en résulte que, dans la plupart des cas, le **combat
à l'arme à feu** présente, pour la cavalerie, un carac-
tère purement défensif. Le but atteint, ou l'infanterie
une fois arrivée, la cavalerie remonte à cheval aussitôt.

FORMATION POUR LE COMBAT A PIED

243. La cavalerie devant, dans le cas présent
comme toujours, tirer parti de son élément propre,
qui est la mobilité, il faut avant tout atteindre rapidement le point à occuper ; sa tâche sera souvent, par
cela même, en grande partie remplie.

Arrivé sur ce point, pendant que la pointe fouillera
le terrain en avant, le commandant reconnaîtra lui-
même les lieux, afin de fixer le nombre des fractions
qui devront mettre pied à terre.

Il faut poser ici en principe que, pour peu que le
terrain se prête à l'action de la cavalerie, on doit toujours former une réserve séparée, qui reste à cheval
pour appuyer les flancs de la troupe engagée et protéger son ralliement aux chevaux dans le cas où il
serait nécessaire de rompre le combat. Cette **réserve**
sera d'ailleurs plus ou moins forte.

Lorsque la troupe est composée de plusieurs escadrons, on désigne autant que possible des escadrons

entiers, tant pour rester en réserve que pour combattre à pied.

On tâche de choisir, pour mettre pied à terre, un endroit où l'on soit à couvert et à l'abri du feu de l'ennemi.

Dans chaque peloton, quelques hommes, ou au moins un, restent en arrière pour surveiller et transmettre les rapports urgents ; *chaque patrouille* laisse un homme pour tenir les chevaux (1), et chaque demi-escadron un sous-officier.

Il est évident, quant au reste, que le commandant prendra ses dispositions sous l'empire des circonstances.

Les chevaux haut le pied sont tenus habituellement par patrouilles et de la manière suivante. Dans chaque patrouille les cavaliers, après avoir mis pied à terre, passe les rênes de filet, sans les déboucler, par-dessus l'encolure, et tournent leurs chevaux face à face ; l'homme désigné pour les garder passe sa rêne de filet, de toute sa longueur, dans toutes les autres, et la tient par l'extrémité. Chaque cheval est en outre entravé et attaché par la longe à l'encolure de son voisin.

On peut aussi faire tenir les chevaux par rang et de la même manière.

Lorsqu'il y a des objets auxquels on peut les atta-

_____

(1) Chaque peloton forme trois patrouilles.

cher, comme des arbres, des haies, des barrières, etc.,
on les y met aussi près que possible les uns des
autres.

Les hommes qui ont mis pied à terre se rallient à
leur commandant. Celui-ci désigne alors aux différentes fractions les positions de terrain qu'elles doivent occuper et leurs objectifs ; il donne ses ordres,
en peu de mots, clairement, sans perdre de temps,
souvent même en marchant, tant sur l'opération
même que sur la liaison à entretenir, sur la protec-
tion des flancs et sur la retraite possible.

On emploiera simultanément toutes les fractions en
première ligne, ou l'on en gardera quelques-unes en
réserve sous sa main pour pouvoir augmenter l'inten-
sité du feu sur les points décisifs ; tout cela dépend de
l'opération à exécuter et des circonstances. Toutefois,
comme dans la plupart des cas où la cavalerie combat
à pied, elle n'a pas à opposer une résistance longue
ni opiniâtre, mais plutôt à faire une défense courte et
décisive, il semble devoir être, le plus souvent, inutile
de former une réserve à pied.

244. Le combat à pied de la cavalerie s'exécute
comme le combat *éparpillé* de l'infanterie ; on ne forme
donc pas de fractions compactes, mais les hommes se
réunissent par *groupes* (*essaims*) derrière leurs commandants, chaque peloton formant toujours trois patrouilles dont chacune constitue un groupe à pied.

Les commandants des différentes fractions se portent immédiatement en avant pour occuper les portions de terrain qui leur sont désignées et leurs objectifs, chaque peloton restant réuni ou se déployant par groupes, suivant la nature du terrain.

Les groupes d'un peloton ne doivent pas se mêler à ceux des autres pelotons. Un peloton déployé en trois groupes ne doit pas occuper une étendue de plus de 100 pas.

On fera occuper par des groupes épais les points importants, c'est-à-dire : dans le cas de la défensive, ceux sur lesquels on suppose que se dirigera l'attaque principale ; dans le cas de l'offensive, ceux d'où l'on pourra diriger le feu le plus efficace sur l'objectif. Les points moins importants seront faiblement occupés ; d'ailleurs l'étendue de la ligne et la répartition des forces dépendront, dans chaque cas particulier, des localités, des ressources disponibles, des projets du commandant et de l'attitude de l'ennemi.

Dans tous les mouvements, les commandants de peloton et les chefs de groupe marchent en avant de leurs hommes et tâchent d'arriver le plus tôt possible sur les points où ils se trouveront à couvert.

Lorsqu'on doit défendre des chemins étroits, on les barricade autant que possible. Lorsque le terrain n'offre pas d'abris, on pratique des embuscades (trous de tirailleurs), si les circonstances le permettent.

EXÉCUTION DU COMBAT A PIED

245. Dans le combat à pied, l'homme isolé prend le nom de tirailleur.

Les tirailleurs doivent faire attention à tous les signaux et indications, surtout à ceux de « *commencez le feu* » et de « *cessez le feu* », et s'y conformer à l'instant même, parce que, pour diriger une troupe qui combat éparpillée, il faut avant tout une stricte discipline dans les mouvements et les feux.

Tant qu'on n'a pas donné l'ordre de commencer le feu, les tirailleurs ne doivent tirer qu'en cas de surprise par l'ennemi ou pour leur propre défense.

Le tirailleur porte l'arme, le canon obliquement en dessus et en avant; il est toujours aussi prêt que possible à faire feu et s'arrête toujours pour tirer.

Il profite de tous les abris que présente le terrain et évite de s'exposer inutilement, sans craindre cependant de braver le feu de l'ennemi pour tirer un meilleur parti de son arme.

Le commandant dirige les fractions qui combattent à pied, au moyen d'indications verbales, de signaux convenus ou d'ordonnances ; à cet effet, il a auprès de lui quelques hommes intelligents. On n'emploie les sonneries de trompette qu'en cas de nécessité absolue, parce qu'elles peuvent souvent faire connaître à l'ennemi ce qu'on veut exécuter.

Le signal le plus important est celui de « *attention!* »
(un coup de sifflet prolongé) qui sert à appeler sur
les commandants l'attention des tirailleurs. Afin d'éviter le gaspillage des munitions, les chefs des pelotons
et des groupes doivent maintenir, pendant le combat,
l'ordre le plus strict, le calme et l'attention dans leurs
fractions, indiquer aux tirailleurs les buts à viser et
les distances ; à cet effet, ils se placent de manière à
pouvoir découvrir le plus possible le terrain et l'ennemi et à ce qu'on les trouve facilement.

Lorsqu'on aperçoit quelque chose d'important chez
l'ennemi, on prévient immédiatement le commandant en chef.

C'est à ce dernier qu'il incombe de veiller à ce que
la ligne soit toujours en communication avec la
réserve.

Lorsqu'il devient nécessaire de faire remplacer les
munitions, on les envoie aux combattants par des
hommes de la réserve.

246. La réserve restée à cheval doit être établie, à
l'abri ou tout au moins masquée, en arrière et sur le
côté du flanc exposé, le plus près possible de la ligne,
de manière à pouvoir intervenir à propos dans le
combat ou à se porter en avant au besoin, pour protéger les tirailleurs qui remonteraient à cheval. Elle
couvre le flanc et entretient le contact avec l'ennemi
pendant le combat, au moyen de petites patrouilles

qu'elle envoie dans les directions correspondantes; elle se tient en communication, par des cavaliers isolés, avec le commandant en chef et avec les chevaux haut le pied.

Le commandant de cette réserve doit observer exactement, d'un point favorable, la marche du combat, afin de se conformer aux circonstances et de pouvoir intervenir au moment propice, en tant que le terrain se prête à l'action de la cavalerie.

Le cas se présentera, par exemple, lorsque l'ennemi s'avançant à l'attaque, on croira pouvoir l'arrêter sous le feu des tirailleurs par l'apparition subite d'une troupe de cavalerie et le forcer ainsi à reculer; ce sera le cas encore, au moment où l'on rompra le combat, pour protéger les tirailleurs qui montent à cheval.

Dans tous les cas, la réserve doit être engagée de manière à ne pas gêner le feu des hommes à pied.

Lorsque l'ennemi s'arrête à la vue de la cavalerie, elle a atteint son but et elle disparaît aussi rapidement qu'elle s'est montrée; mais si l'ennemi ne se laisse pas intimider par cette démonstration, il faut le charger réellement.

L'ennemi repoussé, les tirailleurs, qui ne doivent jamais quitter leur position, se bornent à l'accompagner de leur feu; quant à la cavalerie, elle ne le poursuit que si elle a affaire à des cavaliers à pied et qu'elle puisse charger avec succès leurs chevaux.

ROMPRE LE COMBAT A PIED.

247. Lorsqu'on reconnaît l'impossibilité de se maintenir plus longtemps sur le point qu'on occupe, il faut rompre le combat.

Si le terrain se prête à l'action de la cavalerie, la réserve se porte toujours en avant pour protéger les tirailleurs qui montent à cheval, et il n'y a alors aucune difficulté.

La situation est plus délicate si l'on ne peut pas se servir de la cavalerie.

Dans ce cas, il faut rompre le combat successivement, les tirailleurs rejoignant leurs chevaux le plus rapidement possible.

Au signal de « *ralliement* », ils se portent en arrière au pas de course, se rassemblent et se reforment sur leur chef direct dont ils exécutent ensuite les ordres.

NOTES

Nous croyons utile de reproduire ici intégralement les paragraphes du *Règlement d'instruction* relatifs à la charge, au ralliement et au service des patrouilles.

NOTE I

DE LA CHARGE

Charge en ordre compact

A la guerre, la charge est le mouvement décisif, et par conséquent le plus important de la cavalerie.

Les conditions essentielles du succès sont : la rapidité et la surprise dans la marche, l'impétuosité et l'extrême vigueur dans le choc.

Il faut donc exercer la troupe à s'avancer de loin sur l'ennemi, aux allures vives, sans perdre le calme, l'ordre (le contact) et la vigueur.

Pour habituer le chef à diriger sa troupe sur un objectif donné, on doit toujours, en instruction, faire figurer l'ennemi par un sous-officier et deux cavaliers placés derrière lui, conservant entre eux un intervalle égal au front d'un peloton.

Dans les premiers exercices, l'ennemi marqué ne bouge pas pendant que le peloton se porte en avant, parce qu'il est plus facile de charger sur un objectif immobile que sur un objectif mobile.

Ensuite, au commandement « *charge!* » il s'avance au trop, puis au galop, sur un point de direction qui lui est donné, évitant soigneusement de dévier, parce qu'il pourrait arriver alors que la troupe exécutât, parallèlement et avec la même vitesse, le mouvement contraire sans le rencontrer, ce qui rendrait le simulacre complétement faux.

Pour exercer le peloton à la charge, son chef le fait passer au galop à 800 ou 1,000 pas de l'ennemi marqué, et commande : « *Charge!* »

A ce commandement, les cavaliers mettent le sabre à la main, s'ils ne l'ont déjà; les uhlans portent la lance.

A 60 ou 80 pas de l'ennemi marqué, il commande : « *Marche-marche!* » et ce commandement est répété par tous les gradés. Les cavaliers prennent alors la position du sabre pour l'attaque et les uhlans croisent la lance; ils mettent leurs chevaux au galop le plus vite et tâchent de rester liés vers le centre.

Pour bien exécuter la charge, il faut, si l'on attaque l'ennemi de front, se diriger sur lui en ordre parallèle, centre contre centre ; si on l'attaque obliquement ou en ordre perpendiculaire sur une de ses ailes, le centre du peloton prend cette aile pour point de direction.

Au commandement « *marche-marche!* » les cavaliers qui figurent l'adversaire font demi-tour et s'éloignent au galop. Si le chef de peloton ne fait pas ce commandement, ils se retirent lorsque le peloton arrive à 50 pas d'eux. Sans cela le chef de peloton serait obligé, pour ne pas les renverser, d'arrêter la charge au moment même où, devant l'ennemi, il aurait commandé : « *Marche-marche!* » et les exercices auraient pour effet de modérer systématiquement cet élan impétueux et effréné sans lequel il n'y a pas de choc vigoureux.

Dans les exercices il faut commander rarement : « *Marche-marche!* » C'est le seul moyen de maintenir les hommes et les chevaux calmes pendant la marche en avant et de les habituer à ne pas allonger le galop avant le commandement. C'est là un point d'autant plus important, qu'on compromet toujours le succès de la charge en passant trop tôt à l'allure extrême.

En instruction, le chef de peloton fait sonner le « *ralliement* », après avoir poursuivi l'ennemi marqué pendant 200 à 300 pas.

A ce commandement, répété par tous les gradés, le peloton passe au trot et se reforme derrière son chef, qui continue à marcher à cette allure dans la direction de l'adversaire. Dans les uhlans, les deux rangs portent la lance. Dès que tous les chevaux sont au trot, le chef de peloton fait arrêter et remettre le sabre (ou reposer la lance).

Devant l'ennemi on fera le commandement « charge ! » au moment propice. En terrain libre, par exemple, ce sera à 1,000 pas environ de l'adversaire ; en terrain couvert, au contraire, lorsqu'on l'apercevra ou que les patrouilles le signaleront à proximité.

Quant à la distance à laquelle il faut prendre le galop, elle dépend des circonstances et surtout de l'état des chevaux, de la nature du sol et de l'arme qu'on veut charger.

Si les chevaux sont fatigués, si surtout ils ont déjà dépéri par suite de la campagne, l'espace à parcourir au galop sera relativement court ; il en sera de même lorsqu'on aura à franchir, pour arriver à l'ennemi, un terrain défavorable, comme des champs détrempés ou fraîchement labourés, des sables profonds, etc.

En dehors de ces deux considérations toujours décisives, il faut, quand on a à charger sur de la cavalerie, bien examiner s'il y a probabilité de réussir par la surprise seule. Dans ce cas, le commandant de la troupe doit faire en sorte de joindre l'ennemi aussi rapidement que possible et à toutes jambes. Si, au contraire, il n'y a pas à compter sur la surprise, il doit s'avancer en ménageant sagement ses chevaux, afin d'assurer, non-seulement le succès de la charge, mais encore la possibilité de poursuivre opiniâtrément l'adversaire.

Quand on charge de l'infanterie ou de l'artillerie, il s'agit avant tout de rester exposé le moins longtemps possible à portée efficace du feu ; il faut donc, même au risque de s'affaiblir pour plus tard, traverser au galop la zone dangereuse, afin d'en venir aux mains au plus tôt.

En arrivant à 80 ou 60 pas environ de l'ennemi, le chef commande : « *Marche-marche!* » tout le monde se précipite alors au galop le plus vite, en criant : « *Hurrah!* »

On ne doit faire ce commandement qu'à 80 ou 60 pas de l'ennemi, parce que, si l'on prolongeait davantage le train de charge, les cavaliers se désuniraient et l'on atténuerait ainsi le choc irrésistible qui est le fait de l'attaque en ordre compact.

Le commandement fait, chaque cavalier doit se jeter en avant avec la ferme résolution de faire brèche.

L'exemple du commandant fait ici plus que tout le reste ; bien qu'il ne soit qu'à deux pas en avant de sa troupe, il faut qu'après son commandement «*marche-marche!* » il fasse en sorte d'entrer le premier dans les rangs ennemis.

La mêlée engagée, chaque cavalier se désigne à lui-même un adversaire particulier ; il ne reste pas en place un seul instant et tâche de frapper le plus possible d'estoc et de taille.

Les coups de sabre se dirigent de préférence sur la tête, la figure, le cou ou la main de la bride de l'adversaire ; les coups de pointe se dirigent sur la poitrine ou le flanc.

Lorsque la troupe voit l'ennemi pour la première fois, tous les gradés stimulent leurs hommes à faire usage de l'arme blanche, en les excitant de la voix.

Au commandement « *ralliement !* » répété par tous les gradés, tous les cavaliers se rallient le plus rapidement possible à leur commandant. Dans les uhlans, les deux rangs portent la lance.

Charge en fourrageurs (en essaim)

Il y a des circonstances dans lesquelles il est plus avantageux de charger en fourrageurs qu'en ordre compact; contre l'artillerie, par exemple, afin d'avoir à souffrir le moins possible de son feu; contre de l'infanterie qui s'avance, lorsqu'on ne veut que la forcer à s'arrêter sans l'enfoncer réellement, ou bien afin d'attirer son feu sur soi et faciliter la charge d'une fraction qui vient ensuite; enfin, dans tous les cas, en général, où l'on croit qu'il suffira de faire paraître une troupe de cavalerie pour obtenir un résultat favorable et où le terrain ne permet pas de s'avancer en ordre compact. Le peloton se déploie au commandement « *essaim!* » L'*essaim* n'a pas de forme déterminée.

Le commandant marche en tête. Les cavaliers évitent de rester serrés, mais ils ne doivent pas non plus se séparer tellement qu'ils échappent à la direction.

Au commandement « *charge!* » les cavaliers mettent le sabre à la main, s'ils ne l'ont déjà ; les uhlans portent la lance.

Lorsque le commandant n'a pas l'intention d'enfoncer l'adversaire, il commande en arrivant à distance convenable de lui : « *Demi-tour!* »

Dans le cas contraire il commande : « *Marche-marche!* » en observant de faire ce commandement plus tôt que dans la charge en ordre compact. Les cavaliers prennent alors la position du sabre pour l'attaque ; les uhlans croisent la lance.

NOTE II

DU RALLIEMENT

Il est de la plus haute importance, pour la cavalerie, de savoir se reformer rapidement après la charge, c'est-à-dire *se rallier*.

Ce ralliement peut se faire en avant ou en arrière.

Pour exercer le peloton au *ralliement en avant*, le

chef de peloton commande, après avoir poursuivi l'ennemi marqué pendant un certain temps : « *Rallie-ment !* »

On se conforme alors à ce qui est prescrit après la charge.

Pour exercer le peloton au ralliement en arrière, le chef de peloton commande, en arrivant à 150 ou 200 pas de l'ennemi marqué : « *Halte !* » et : « *Demi-tour !* » Chacun fait alors demi-tour comme il peut.

Le chef de peloton doit faire en sorte de se retrouver devant son peloton, dans la nouvelle direction, avant que le demi-tour ne soit achevé. Il se retire alors à sa tête, au galop, suivant une direction perpendiculaire ou oblique à l'ennemi ; le peloton le suit *en harde*, en se maintenant réuni autant que possible.

Devant l'ennemi, le chef de peloton se retirera suivant une ligne oblique lorsqu'il voudra, par exemple, démasquer un autre peloton, ou lorsqu'il espérera pouvoir se remettre face en tête et prendre l'ennemi de flanc, etc.

Arrivé à 800 ou 1,000 pas, il crie : « *Ralliement !* » fait demi-tour et se porte en avant au trot contre l'ennemi marqué. Tous les cavaliers font également demi-tour instantanément, se reforment en peloton le plus vite possible derrière leur chef et prennent son allure.

Il est essentiel, dans ce mouvement, que le chef de

peloton se reporte très-rapidement en avant du peloton et que tous les cavaliers aient constamment l'œil
sur lui.

Un peloton bien exercé peut être ramené à la
charge, 20 ou 30 pas après le commandement « *ralliement!* »

En instruction, il faut se retirer au trot seulement
dans les débuts et, en tout temps, y exercer rarement
au galop.

Mais on ne doit jamais faire faire *demi-tour*, une
fois qu'on a commandé : « *Marche-marche!* » ce qui
ne pourrait qu'influer sur le moral de la troupe; il
faut toujours, même dans les exercices de paix, con-
firmer le cavalier dans ce principe que, le commandement « *marche-marche!* » une fois fait, il est toujours tenu de fondre sur l'ennemi.

Lorsqu'une troupe a eu le dessous dans la mêlée,
son chef ne doit la rallier que lorsqu'elle est arrivée
hors de la zone propre du combat, c'est-à-dire : après
une charge contre la cavalerie, lorsque l'ennemi a
cessé de la poursuivre énergiquement; après une
charge contre l'infanterie ou contre l'artillerie, lorsqu'elle est hors de la portée efficace du feu.

Vouloir se rallier plus tôt serait une tentative in-
fructueuse qui ne pourrait que nuire à la considération du chef.

NOTE III

DES PATROUILLES

Toute troupe compacte qui se meut à portée de l'ennemi doit envoyer des patrouilles pour éviter d'être surprise et de se heurter à des obstacles de terrain imprévus ; ces patrouilles ont aussi pour mission de maintenir celles de l'ennemi aussi loin que possible.

Le nombre des patrouilles dépend du terrain, de l'heure et des conditions atmosphériques.

En terrain libre et au grand jour, les surprises n'étant pas à craindre, il suffit d'envoyer en avant une patrouille ou des cavaliers isolés qui marchent à grande distance les uns des autres.

En terrain couvert et coupé, au contraire, il faut plusieurs patrouilles ; mais un peloton (qui forme trois patrouilles) suffit toujours, même sur le terrain le plus difficile, pour éclairer une étendue de 3,000 pas environ, si ce service est bien fait.

Même en terrain libre, il faut aussi plusieurs patrouilles, lorsqu'il fait du brouillard, qu'il neige à flocons, que le sol est sablonneux, qu'il fait grand vent, etc.

On évite autant que possible les sonneries de trompette et on les supprime toujours dans le voisinage

de l'ennemi ; on les remplace par des signaux convenus et peu nombreux, pour marcher en avant, par
le flanc, s'arrêter, pour annoncer l'ennemi, etc.

On ne met habituellement les armes à la main que
lorsqu'on découvre l'ennemi ou qu'on le suppose à
proximité.

Mais les cavaliers qui marchent en avant des patrouilles pour les couvrir elles-mêmes, et ceux qu'elles
détachent selon le besoin pour explorer les accidents
de terrain, tiennent la carabine dans la main droite,
la crosse posée sur le paquetage de devant ou le
canon appuyé à l'épaule, à volonté. Le revolver se
porte également dans la main droite, le canon en
l'air ou en bas. Ces cavaliers ne doivent faire feu que
lorsqu'ils se rencontrent subitement et à l'improviste
avec l'ennemi ou lorsqu'ils ne peuvent avertir de sa
présence en temps utile, au moyen de signaux.

Une patrouille n'est tenue à aucun ordre de marche
déterminé.

En terrain libre, par exemple, elle marche *en harde*,
le sous-officier en tête, et ne détache de cavaliers que
lorsqu'il se trouve, en dehors de sa route, des accidents de terrain à explorer.

Si elle arrive dans une portion de pays où la vue
est bornée ou complétement masquée, elle doit détacher
des cavaliers isolés en avant et sur ses flancs, pour se
couvrir. Mais, dans tous les cas, une partie suffisante

de la patrouille reste *en harde* sur la route principale
pour former le noyau.

Il faut ménager les chevaux autant que possible
et tâcher de suivre de bons chemins ; on évite les
champs labourés, les terrains mous ou pierreux.
Dans les sentiers, les cavaliers qui forment le noyau
de la patrouille marchent en file.

Lorsque la troupe principale prend le trot, les patrouilles sont forcées par moments de passer au
galop ; elles profitent pour cela des terrains favorables.
Par exemple, elles resteront au trot sur les montées
roides ou sur un sol détrempé et regagneront le temps
perdu aux pentes douces ou en terrain ferme ; mais
chaque cavalier observe de maintenir son cheval
calme et à l'allure indiquée.

Avant de faire partir les patrouilles, le chef de
peloton indique exactement à chacune d'elles la direction qu'elle doit suivre.

Lorsqu'on en envoie trois, il marche habituellement
avec celle qui a la mission la plus importante ou
se porte là d'où il peut le mieux découvrir le terrain.

S'il s'éloigne beaucoup d'une de ses patrouilles, à
proximité de l'ennemi, il se fait accompagner par
quelques cavaliers.

Les patrouilles doivent toujours partir avant que
la troupe principale ne se mette en mouvement, mais

sans marcher plus vite qu'il n'est strictement nécessaire pour ne pas l'arrêter.

La patrouille du centre suit le même chemin que la
troupe principale, et la précède à 1,000 pas au moins.
La patrouille de droite marche à droite, la patrouille
de gauche à gauche de la première.

Les patrouilles doivent rester en communication
entre elles et avec la troupe principale ; dès qu'elles
cessent d'y être, elles s'y remettent en détachant des
cavaliers isolés.

En principe, les patrouilles latérales ne doivent jamais être séparées de celle du centre par des obstacles
de terrain infranchissables ; elles passent donc en
deçà de ces obstacles. Lorsqu'il se présente des
défilés ou des passages, elles détachent des cavaliers
pour éclairer au delà. Ces cavaliers s'y portent sur
des points d'où ils puissent découvrir le pays et y
restent jusqu'à l'approche de la troupe principale ; ils tâchent ensuite de rejoindre leur patrouille.

Lorsque la patrouille du centre rencontre un obstacle de terrain sérieux en travers de la route, elle
se fractionne : une partie va à droite, et l'autre à
gauche, pour chercher un passage. Le passage trouvé,
si la troupe principale peut l'apercevoir, on y laisse
quelques cavaliers ; si le terrain masque la vue, on
envoie un cavalier au-devant de la troupe principale
pour la guider.

Lorsque les patrouilles latérales rencontrent un

obstacle de cette nature, elles cherchent un passage
du côté de la patrouille du centre et s'étendent ensuite
de nouveau.

Pour mieux observer et éclairer le pays, les patrouilles doivent se porter, toutes les fois que cela est
possible, sur les points d'où l'on découvre le mieux en
avant et sur les flancs, sans se laisser voir à l'ennemi.

Si, par exemple, une patrouille arrive en face
d'une hauteur, les cavaliers qui la précèdent s'y
portent en augmentant l'allure, afin de découvrir le
plus tôt possible le terrain situé de l'autre côté ; à défaut
de ces cavaliers, on en désigne sur le moment même.

Le noyau de la patrouille reste à la même allure
ou suit une allure plus rapide, selon les circonstances.
Le premier cas se présente lorsqu'il s'agit de se dis-
simuler le plus longtemps possible ; le second est né-
cessairement indiqué lorsqu'on veut arrêter des patrouilles ennemies, etc., qui s'avancent. Mais, dans
tous les cas, le commandant doit se porter en avant
de sa personne afin de se renseigner par lui-même.

De même, s'il se présente une ligne de hauteurs
parallèle à la route, on y détache au moins quelques
cavaliers, pour surveiller le versant opposé.

S'il s'agit d'un cours d'eau, la patrouille latérale au
delà de laquelle il se trouve envoie quelques cavaliers aux points de passage, pour éclairer l'autre

rive ; ces cavaliers rejoignent à l'approche de la troupe principale.

Les patrouilles doivent fouiller tous les accidents du sol qui se présentent sur leur route ou dans leur rayon, mais sans jamais causer de temps d'arrêt à la troupe principale.

Lorsqu'on envoie plusieurs patrouilles, elles se soutiennent mutuellement pour éclairer le pays.

On explore les accidents du sol avec plus ou moins de soin, suivant leur étendue, la nature du terrain qu'on traverse, la force de la troupe principale et l'arme dont elle est composée. C'est au commandant à peser toutes ces considérations et à approprier les mesures de sûreté à chaque cas particulier.

Par exemple, les patrouilles envoyées pour couvrir de l'infanterie, des convois, etc., doivent fouiller minutieusement et avec précaution les villages, les fermes, les bouquets de bois, même peu importants, parce que ces accidents suffisent pour cacher une troupe de cavalerie dont l'apparition inattendue pourrait tout au moins jeter le trouble et le désordre dans la colonne.

Les patrouilles qui couvrent la marche de la cavalerie doivent explorer avec le même soin ces particularités lorsque la nature du terrain limite ou empêche les mouvements et le déploiement de la troupe principale.

Celles qui couvrent, au contraire, des fractions de

troupes composées des trois armes, ou de la cavalerie seule, sur un terrain où elle peut se mouvoir et se déployer facilement, peuvent négliger complétement les accidents de peu d'importance ou ne les fouillent que dans le but de repousser de bonne heure les patrouilles ennemies qui voudraient observer la marche de la colonne.

Si un accident de terrain se présente entre les chemins suivis par deux patrouilles, chacune d'elles y envoie des cavaliers.

En arrivant près d'un village, d'un bois, etc., que la patrouille doit traverser, le commandant envoie en avant quelques cavaliers pour en faire le tour à droite et à gauche, ou, selon le cas, d'un seul côté.

Deux cavaliers, à quelque distance l'un derrière l'autre, traversent rapidement l'endroit; vient enfin la patrouille, qui fouille plus ou moins minutieusement le village ou le bois, suivant les circonstances indiquées plus haut.

S'il s'agit de la patrouille du centre, elle laisse un cavalier en arrière en le chargeant de faire signe à la troupe principale qu'elle peut passer, lorsqu'il la verra arriver; ce cavalier rejoint ensuite la patrouille.

Au delà du village ou du bois, etc., tous les cavaliers envoyés en exploration se réunissent à la patrouille le plus vite possible.

Les patrouilles latérales doivent, en principe, tourner les accidents de peu d'étendue et se borner à les faire explorer par quelques cavaliers.

Il faut toujours se maintenir à quelques centaines de pas des endroits qu'on tourne, afin d'éviter de tomber dans une embuscade.

Lorsqu'une patrouille a à traverser un bois très-étendu, elle envoie deux cavaliers en avant sur chacun des chemins parallèles les plus rapprochés à droite et à gauche de celui qu'elle doit suivre ; ces cavaliers marchent l'un derrière l'autre à une distance de 60 à 100 pas. La patrouille entre seulement alors dans le bois, en se faisant précéder également, sur son chemin, de cavaliers isolés, à 100 ou 200 pas les uns des autres.

Dans des cas semblables, les patrouilles latérales doivent tâcher de prendre de l'avance, de manière à avoir déjà éclairé le bois sur les flancs de la patrouille du centre lorsque celle-ci s'y engage.

Les patrouilles se relient entre elles par des cavaliers isolés, en profitant, autant que possible, des chemins transversaux.

On emploie les mêmes précautions pour traverser les grands villages et les villes. Dans ce cas aussi, les patrouilles latérales doivent avoir déjà tourné la localité, s'il est possible, avant que la patrouille du centre n'y pénètre.

. Dès qu'une patrouille découvre des patrouilles ou

des troupes ennemies, elle en fait prévenir la troupe principale. Le commandant continue toujours d'observer et envoie de nouveaux rapports, s'il est nécessaire.

Les rapports sont transmis par des cavaliers isolés ou même, au besoin, par des sous-officiers. Il faut toujours y distinguer avec soin ce qui est pure supposition de ce qu'on a vu de ses propres yeux.

Lorsqu'une patrouille rencontre un accident de terrain occupé par l'ennemi, elle le tourne, si cela est possible, et le reconnaît sous toutes ses faces, afin de pouvoir envoyer un rapport aussi exact qu'on peut le désirer sur la position, l'espèce d'arme et les forces de l'adversaire.

Si les patrouilles se heurtent avec l'ennemi ou le voient s'avancer, la conduite qu'elles ont à tenir dépend des circonstances.

Par exemple, elles ne se laisseront pas arrêter par de petites patrouilles isolées. Mais si elles voient venir plusieurs patrouilles de cavalerie ou si elles reconnaissent à d'autres indices l'approche de corps plus considérables, elles attendent, tout en observant l'ennemi, que la troupe principale se rapproche, et se remettent ensuite en marche avec elle.

Si l'ennemi ouvre le feu, les cavaliers formés *en harde* s'écartent davantage les uns des autres. Si, au contraire, l'artillerie amie se met en batterie, les patrouilles démasquent le champ de tir, etc.

Si la troupe principale s'avance à l'attaque, la patrouille du centre reste devant elle, parce que c'est précisément dans la charge qu'il est surtout important de ne pas se heurter à un obstacle de terrain imprévu.

Si les patrouilles ennemies se portent à sa rencontre, elle pourra juger facilement, par leur marche, des difficultés que présente le terrain et de leur nature.

Pendant que la troupe principale s'avance à l'attaque, les patrouilles latérales continuent d'observer sur les flancs de l'adversaire et prennent part à la charge.

Elles ne se rallient aux soutiens que lorsqu'elles sont obligées de céder devant des forces supérieures; mais, dès qu'elles le peuvent, elles se reportent en avant pour inquiéter l'ennemi sur ses flancs, observant de s'esquiver adroitement et, même lorsqu'elles ont été refoulées, de tàcher de revenir aussitôt à la charge.

FIN

TABLE

———

ARTICLE IV

CHARGE, RALLIEMENT, PATROUILLES, PASSAGES D'OBSTACLES

CHAPITRE II

FORMATIONS ET MOUVEMENTS D'UN RÉGIMENT

—

ARTICLE PREMIER

RÈGLES GÉNÉRALES

7.

ARTICLE II

MOUVEMENTS DE FRONT

ARTICLE III

FORMATION, MARCHE ET DÉPLOIEMENT DE LA MASSE

ARTICLE IV

FORMATION, MARCHE ET DÉPLOIEMENT DE LA COLONNE

ARTICLE V

FORMATION, MARCHE ET DÉPLOIEMENT DE LA COLONNE DOUBLE

ARTICLE VI

CHARGE, RALLIEMENT, PATROUILLES, PASSAGES D'OBSTACLES

CHAPITRE III

COMPOSITION, CONDUITE ET EMPLOI DE CORPS DE CAVALERIE PLUS CONSIDÉRABLES QU'UN RÉGIMENT

CHAPITRE IV

DES PARADES (REVUES)

ARTICLE PREMIER

RÉCEPTION D'UN SUPÉRIEUR

ARTICLE II

DÉFILER PAR FRACTIONS SUCCESSIVES

ARTICLE III

SALVES D'HONNEUR

CHAPITRE V -

DU COMBAT A PIED

NOTES

Evreux, A. Hérissey, imp. — 473

www.ingramcontent.com/pod-product-compliance
Lightning Source LLC
Chambersburg PA
CBHW072147270326
41931CB00010B/1923